W0065232

Dieser Band versammelt Gedichte von über 70 Autorinnen über das eine, unerschöpfliche, alte und immer wieder neue Thema: die Liebe. Es sind Liebeserklärungen und Abschiedsworte, Bilder von Nähe und Vertrautheit, Anziehung und Abstoßung bis hin zur ekstatischen Feier von Sinnlichkeit und Sexualität.

Neben den großen, berühmten Autorinnen von Sappho bis in unsere Zeit – Annette von Droste-Hülshoff, Emily Dickinson, Else Lasker-Schüler, Anna Achmatowa, Marina Zwetajewa, Ingeborg Bachmann, Sylvia Plath, Sarah Kirsch (um nur einige wenige zu nennen) – sind auch weniger bekannte Dichterinnen zu entdecken. Immer wieder überrascht die Vielfalt an Themen, Motiven und lyrischen Formen – doch ebenso bemerkenswert ist, bei aller Individualität des Ausdrucks und Erlebens, die Wiederkehr überzeitlicher Konstanten.

insel taschenbuch 2929
Liebesgedichte von Frauen

# Liebesgedichte von Frauen

Ausgewählt von Heike Ochs

Insel Verlag

Umschlagabbildung:
Pierre-Auguste Renoir, Madame Henriot. 1876
The National Gallery of Art, Washington

insel taschenbuch 2929
Erste Auflage 2003
© Insel Verlag Frankfurt am Main und Leipzig
Textquellennachweise am Schluß des Bandes
Hinweise zu dieser Ausgabe am Schluß des Bandes
Vertrieb durch den Suhrkamp Taschenbuch Verlag
Satz: Hümmer GmbH, Waldbüttelbrunn
Druck: Clausen & Bosse, Leck
Printed in Germany
ISBN 3-458-34629-5

1  2  3  4  5  6 – 08  07  06  05  04  03

# Inhalt

# *Sappho*

612-557 v. Chr.

## ODE AN ATTHIS

Einer allein scheint mir den Göttern vergleichbar
jener Sterbliche ists. der dir nahe sein darf.
selig sitzt er vor dir und lauscht deiner süßen klangvollen
                                                    Stimme.

Mir steht das Herz still. hör ich dein perlendes Lachen
wende ich kurz meinen Blick. betroffen zu dir hin.
schnürts die Kehle mir zu. und keinen Laut mehr
bring ich heraus.

Trocken und stumm bleibt mein Mund. gelähmt ist
                                                    die Zunge.
Feuer erhitzt mich glühend. durchpulst meine Adern.
rauscht in den Ohren. und verschleiert von Tränen
sind meine Augen.

Heiss und kalt überfallen mich fiebrige Schauer.
ohnmächtig sinke ich hin. gewiss werd ich bald
bleich und verdorrt wie von Sonne versengtes Gras
sterben vor dir.

Doch läßt sich alles ertragen …

Einer meint. Reiter. ein andrer. Soldaten mit Lanzen.
Schiffe seien die stärkste Macht. sagt ein dritter.
was aber mich allein zu bezwingen vermag
das ist die Liebe.

Leicht zu begreifen für jeden ist mein Geständnis,
denn auch Helena. die alle sterblichen Frauen
weit überstrahlte an Schönheit. floh ihren Gatten
ohne zu zögern.

Treulos war sie. und ungehorsam den Eltern.
selbst die Tochter verließ sie. folgte dem Rufe
Paris'. des Priamos Sohn. ließ sich verführen
willig und gern.

Heilig allein war ihr Aphroditens Gebot.
wenn auch darüber das prächtige Troja zerfiel.
so bin auch ich. hörig der Kypris und denke
nur an mein Mädchen.

Mehr als die Streitkräfte Lydiens entzückten mich stets
Gang und Gestalt und die Augen Anaktorias.
teurer sind mir Gefühle als Schiffe und Krieger
Fußvolk und Waffen.

## Anonym

ca. 12. Jh.

Du bist mein, ich bin dein,
dessen sollst du sicher sein.
Du bist verschlossen
in meinem Herzen,
verloren ist der Schlüssel fein –
du mußt für immer drinnen sein.

Der Wald schmückt sich reich
mit Blüten und mit Blättern.
Wo ist mein
Freund von einst?
Er ist weggeritten.
Ach, wer wird mich lieben?

Der Wald schmückt sich überall,
nach meinem Liebsten ist mir weh!

Wäre die ganze Welt mein
vom Meer bis an den Rhein,
das gäb ich dafür hin,
daß der König von England
in meinem Arm läge.

## Mechthild von Magdeburg

um 1212-1283

Du bist meinem Begehren ein Liebesfühlen,
du bist meiner Brust eine süße Kühlung,
du bist ein inniger Kuß auf meinem Mund,
du bist eine fröhliche Freude, wenn ich dich find!
Ich bin in dir und du bist in mir,
wir können einander nicht näher sein,
denn wir zwei sind zusammengeflossen
und sind in eine Form gegossen;
so werden wir ewig bleiben, unermüdet.

# Marguerite de Navarre

1492-1549

## ZEHNZEILER

Ich fühle tief im Herzen schon seit Jahren
Zu Euch der Liebe mächtiges Begehren,
(So schicklich doch und nur mit allen Ehren)
Wie nie ein Herz es durfte so erfahren.
Doch jetzt ist solcher Trost mir widerfahren:
Obwohl ich meiner Neigung sicher bin,
Zeigt Eure klar mir Euren reinen Sinn,
Daß das Gefühl, worauf mein Herze schwört,
Mich drängen will zu solchem Zweifel hin:
Ob diese Liebe Euch, ob mir gehört.

## Gaspara Stampa

1523-1554

Wenn in die Augen ich dem Liebsten schaue,
Beglückt in seine strahlend schönen Augen,
Will, was ich denk und sinne, nicht mehr taugen,
Wort und Gebärde weht ins Ungenaue.

Aus Angst und Ehrfurcht wachsen drohend graue
Gewalten auf, das Hirn mir leer zu saugen,
Des Denkens Salz zerstörend wegzulaugen,
Bis ich der eignen Rede nicht mehr traue.

Kein armes Wörtlein schwingt sich mehr empor,
Wenn ich, berauscht vom Bilde meiner Liebe,
Verzückten Herzens den Verstand verlor.

So wird die gleiche Schönheit, schön, daß Schmerzen
Ihr Anblick fast der Seele schenkt, dem Herzen
Zur Lebensflamme und dem Geist zum Diebe.

Blind liebt ich einst, Geliebter, nachtbefangen,
Mich rasch verwirrend in den bösen Reichen
Der Sinne. Doch das Dunkel seh ich weichen,
Das Herz erwacht zu reinerem Verlangen.

Klar, wie am Himmelszelt die Sterne prangen,
Prangt deiner Seele Schönheit, ohnegleichen,
Prangt Ruhm und Ehre, keinem zu erreichen:
In sie sei nun mein Lieben eingegangen.

So will ich meiner Sonne Licht genießen,
Mich spiegelnd in der Reinheit reinem Scheine.
Bewundernd will im Anschaun ich zerfließen.

So wend ich mich, so laß ich das Gemeine.
Nicht soll das Herz sich mehr am Herzen laben:
Die Seele speist sich mit der Seele Gaben.

## Louïze Labé

um 1525-1566

### DAS ACHTE SONETT

Ich leb, ich sterb: ich brenn und ich ertrinke,
ich dulde Glut und bin doch wie im Eise;
mein Leben übertreibt die harte Weise
und die verwöhnende und mischt das Linke

mir mit dem Rechten, Tränen und Gelächter.
Ganz im Vergnügen find ich Stellen Leides,
was ich besitz, geht hin und wird doch ächter:
ich dörr in einem und ich grüne, beides.

So nimmt der Gott mich her und hin. Und wenn
ich manchmal mein, nun wird der Schmerz am größten,
fühl ich mich plötzlich ganz gestillt und leicht.

Und glaub ich dann, ein Dasein sei erreicht,
reißt er mich nieder aus dem schon Erlösten
in eine Trübsal, die ich wiederkenn.

O wär ich doch entrückt an ihn, gepreßt
an seine Brust, für den ich mich verzehre.
Und daß der Neid mir länger nicht mehr wehre,
mit ihm zu sein für meiner Tage Rest.

Daß er mich nähme und mir sagte: Liebe,
wir wollen, eins im anderen genug,
uns so versichern, daß uns nichts verschiebe:
nicht Sturm, nicht Strömung oder Vogelflug.

Wenn dann, entrüstet, weil ich ihn umfasse,
wie sich um einen Stamm der Efeu schweißt,
der Tod verlangte, daß ich von ihm lasse:

Er küßte mich, es mündete mein Geist
auf seine Lippen; und der Tod wär sicher
noch süßer als das Dasein, seliglicher.

Küß mich noch einmal, küß mich wieder, küsse
mich ohne Ende. Diesen will ich schmecken,
in dem will ich an deiner Glut erschrecken,
und vier für einen will ich, Überflüsse

will ich dir wiedergeben. Warte, zehn
noch glühendere; bist du nun zufrieden?
O daß wir also, kaum mehr unterschieden,
glückströmend ineinander übergehn.

In jedem wird das Leben doppelt sein.
Im Freunde und in sich ist einem jeden
jetzt Raum bereitet. Laß mich Unsinn reden:

Ich halt mich ja so mühsam in mir ein
und lebe nur und komme nur zu Freude,
wenn ich, aus mir ausbrechend, mich vergeude.

# Elisabeth I.

1533-1603

## AUF DIE ABREISE DES HERZOGS
## VON ANJOU

Ich quäle mich, und darf die Qual nicht zeigen;
Ich liebe: Haß zu heucheln zwingt man mich;
Ich will – und muß den eignen Willen leugnen,
Nach außen stumm, redselig innerlich.
Ich bin – bin nicht, bin Eis, und steh in Flammen;
Von mir mußt ich mein anderes Ich verbannen.

Mein Kummer gleicht dem Schatten meiner Bahn:
Folgt mir im Flug, flieht, wenn ich selbst ihn treibe,
Steht und liegt bei mir, tut, was ich getan;
Sein allzu trautes Kümmern macht mich leiden.
Weiß keinen Weg, ihn aus der Brust zu zwingen
Bis er vergeht am Ende aller Dinge.

Daß sanftere Leidenschaft mein Herz erfüllte –
Denn ich bin weich, schmelzender Schnee im Innern;
Oder sei grimmiger, Liebe, laß die Milde –
Hoch oder tief, will sinken oder schwimmen:
Laß mich zu süßer Freude bald genesen,
Oder im Tod den Liebestraum vergessen.

## Anne Bradstreet

ca. 1612-1672

### BRIEF AN DEN
### IN ÖFFENTLICHEN GESCHÄFTEN
### ABWESENDEN GATTEN

Mein Haupt, mein Herz, mein Auge, Leben, Mut,
Du meine Freude, Schatzhaus für mein irdisch Gut,
Wenn zwei so eins sind wie wir, du und ich,
Wie kommts, daß du dort, ich in *Ipswich* lieg?
Ein weiter Weg trennt jetzt das Haupt vom Herzen,
Wärs nah, wir lägen bald vereint und scherzten.
Ich traure in Schwarz, so wie die Wintererde,
Denn auch für mich steht *Sol* im Tierkreis ferne.
Nicht Sturm noch Frost fühlt' ich, als er mich wärmte,
Mein Eis in seiner Glut zu schmelzen lernte.
Frostig und taub sind die verlassenen Glieder:
Komm, süßer *Sol*, kehr mir vom *Steinbock* wieder!
In dieser toten Zeit bleibt nur die Freude
An Früchten, die mir deine Wärme zeugte.
Beglückung schenken sie mir einige Zeit,
Die ihren Vater leibhaft konterfeit.
Seltsam! Da du im Süden weilst, ertrage
Ich kaum die Öde dieser langen Tage;
Doch kehrst du in den Norden zu mir heim,
Soll meine Sonne nie mehr sinken. – Nein,
Im Haus des Krebses, meinem Herzen, magst
Du brennen als willkommener, liebster Gast.

Da bleibe immer! Bleibe, geh nicht fort,
Bis die Natur dich ruft mit ernstem Wort.
Fleisch deines Fleischs, Bein deines Beins,
Ich hier, du dort, doch beide eins.

## Sibylla Schwarz
1621-1638

Liebe schont der Götter nicht
sie kann alles überwinden
sie kann alle Herzen binden
durch der Augen klares Licht.
  Selbst des Phebus Herze bricht
seine Klarheit muß verschwinden
er kann keine Ruhe finden
weil der Pfeil noch in ihm sticht.
  Jupiter ist selbst gebunden
  Hercules ist überwunden
  durch die bittersüße Pein;
wie dann können doch die Herzen
bloßer Menschen dieser Schmerzen
ganz und gar entübrigt sein?

## Zeb un-Nisa

1638-1701

Ich bin kein Falter, der
    in einem Nu verbrennt –
Bin eine Kerze, die
    zerschmilzt und schweigend stirbt.


Ich möchte meine Seele
    hingeben gleich dem Schmetterling,
Erblickt' ich nur noch einmal
    die Kerze deines Angesichts!

## Anna Louisa Karsch

1722-1791

### AN DEN DOMHERRN VON ROCHOW,
### ALS ER GESAGT HATTE,
### DIE LIEBE MÜSSE SIE GELEHRET HABEN,
### SO SCHÖNE VERSE ZU MACHEN

Kenner von dem saphischen Gesange!
Unter deinem weißen Überhange
Klopft ein Herze, voller Gluth in dir!
Von der Liebe war es unterrichtet,
Dieses Herze, aber ganz erdichtet
Nennst du sie die Lehrerin von mir!

Meine Jugend war gedrückt von Sorgen,
Seufzend sang an manchem Sommermorgen
Meine Einfalt ihr gestammelt Lied;
Nicht dem Jüngling thöneten Gesänge,
Nein, dem Gott, der auf der Menschen Menge,
Wie auf Ameishaufen niedersieht!

Ohne Regung, die ich oft beschreibe,
Ohne Zärtlichkeit ward ich zum Weibe,
Ward zur Mutter! Wie im wilden Krieg,
Unverliebt ein Mädchen werden müßte,
Die ein Krieger halb gezwungen küßte,
Der die Mauer einer Stadt erstieg.

Sing ich Lieder für der Liebe Kenner:
Dann denk ich den zärtlichsten der Männer,
Den ich immer wünschte, nie erhielt;
Keine Gattin küßte je getreuer,
Als ich in der Sapho sanftem Feuer
Lippen küßte, die ich nie gefühlt.

Was wir heftig lange wünschen müssen,
Und was wir nicht zu erhalten wissen,
Drückt sich tiefer unserm Herzen ein
Rebensaft verschwendet der Gesunde,
Und erquickend schmeckt des Kranken Munde
Auch im Traum der ungetrunkne Wein.

# Sophie Christiane Friederike Brun
## 1765-1835

### ICH DENKE DEIN

Ich denke dein, wenn sich im Blütenregen
Der Frühling malt,
Und wenn des Sommers mildgereifter Segen
In Ähren strahlt.

Ich denke dein, wenn sich das Weltmeer tönend
Gen Himmel hebt,
Und vor der Wogen Wut das Ufer stöhnend
Zurücke bebt.

Ich denke dein, wenn sich der Abend rötend
Im Hain verliert,
Und Philomelens Klage leise flötend
Die Seele rührt.

Beim trüben Lampenschein in bittren Leiden
Gedacht ich dein;
Die bange Seele flehte nah am Scheiden:
Gedenke mein!

Ich denke dein, bis wehende Zypressen
Mein Grab umziehn;
Und auch in Tempes Hain soll unvergessen
Dein Name blühn.

# Elise Hahn

1769-1833

## AN DEN DICHTER BÜRGER

O Bürger, Bürger, edler Mann,
Der Lieder singt, wie Keiner kann,
   Vom Rhein an, bis zum Belt,
Vergebens berg' ich das Gefühl,
Das mir bei deinem Harfenspiel
   Den Busen schwellt!

Mein Auge sah von dir sonst nichts,
Als nur die Abschrift des Gedichts,
   Und dennoch – lieb' ich dich!
Denn deine Seele, fromm und gut,
Und deiner Lieder Kraft und Mut
   Entzückten mich.

So füllt' im ganzen Musenhain
Von allen Sängern, groß und klein,
   Noch Keiner mir die Brust.
Sie wogt' empor wie Flut der See;
Es kämpften stürmend Lust und Weh,
   Und Weh und Lust.

An Wonnen, wie an Tränen reich,
Rief ich, wie oft: o herzen gleich

Und küssen möcht' ich dich! –
So wechselte, wie dein Gesang,
In mir der Hochgefühle Drang,
    Dem Alles wich.

O Bürger, Bürger, süßer Mann,
Der Ohr und Herz bezaubern kann
    Mit Schmeichelwort und Sinn,
Mein Loblied ehrt dich freilich nicht:
Doch höre, was mein Herz dir spricht,
    Und wer ich bin!

In Schwaben blüht am Neckarstrand
Ein schönes segenreiches Land,
    Das mich ans Licht gebar:
Ein Land, worin seit grauer Zeit
Die alte deutsche Redlichkeit
    Zu Hause war.

Da wuchs ich wohlbehalten auf,
Und meines reinen Lebens Lauf
    Maß zwanzigmal das Jahr.
Zum Grabe sank mein Vater früh –
Kaum ließ mir noch der Himmel die,
    Die mich gebar.

Schon wankend an des Grabes Rand
Ergriff sie des Erbarmers Hand,
    Und gab sie mir zurück.
Sie bildete mit weiser Müh',

Was gutes mir Natur verlieh,
    Zu meinem Glück.

Bei heiterm Geist, bei frohem Mut
Ward mir ein Herz, das fromm und gut
    Vor Gott zu sein begehrt.
Nur edler Liebe huldigts frei,
Und was es liebt, das liebt es treu
    Und hält es wert.

Mein Leib – er zeigt vielleicht dem Blick
Kein Stümper- und kein Meisterstück
    Der bildenden Natur.
Ich bin nicht arm, und bin nicht reich;
Mein Stand hält, meinen Gütern gleich,
    Die Mittelspur.

Die bin ich, die! Und – liebe dich
Im schönen St....t findst du mich,
    Du trauter Witwersmann!
Umschlänge wohl nach langem Harm
Ein liebevolles Weib dein Arm,
    So komm heran!

Denn träten tausend Freier her
Und böten Säcke Goldes schwer,
    Und du begehrtest mein:
Dir weigert' ich nicht Herz noch Hand;
Selbst um mein liebes Vaterland
    Tauscht' ich dich ein.

Steht Schwaben-Lieb' und Treu' dir an,
So komm, Geliebter, komm heran,
   Und wirb – o wirb um mich! –
Nimm oder nimm mich nicht, so ist
Und bleibt mein Lied zu jeder Frist:
   Dich lieb' ich, dich!

              ..Y..

# Sophie Mereau

1770-1806

In Tränen geh ich nun allein,
am Quell – Du kennst ihn wohl.
Ich blicke in den Bach hinein,
daß er mich trösten soll.

Du freundlich Liebesangesicht,
wie bist du doch so fern!
Dich bringt mir nun kein Tageslicht,
bringt nicht der Abendstern.

Mein Leben schließt die Augen zu,
weil es Dich nicht mehr sieht,
indes in Träumen ohne Ruh
mein Herz stets zu Dir zieht.

Die leise Welle rinnet klar,
und zeigt den grünen Grund.
*O! Welle mache offenbar,*
*was wohl mich macht gesund!*

Die Welle schweigt und fliehet bald,
doch unten frisch und hell
grünt wundervoll ein Pflanzenwald
bedeckt vom klaren Quell.

Und aus dem frischen Wasserreich
steigt hell der Trost zu mir
»es grünet so der Hoffnung Zweig
auch unter Tränen Dir«.

# Karoline von Günderode

1780-1806

## LIEBE

O reiche Armut! Gebend, seliges Empfangen!
In Zagheit Mut! in Freiheit doch gefangen.
  In Stummheit Sprache,
  Schüchtern bei Tage,
  Siegend mit zaghaftem Bangen.

Lebendiger Tod, im Einen sel'ges Leben
Schwelgend in Not, im Widerstand ergeben,
  Genießend schmachten,
  Nie satt betrachten
  Leben im Traum und doppelt Leben.

Ach! mein Geliebter ist tot! er wandelt im Lande der
                                        Schatten
Sterne leuchten ihm nicht, ihm erglänzet kein Tag
Und ihm schweigt die Geschichte; das Schicksal
                                        der Zeiten
Gehet den mächtigen Gang, doch ihn erwecket es nicht;
Alles starb ihm mit ihm, mir ist er doch nicht gestorben
Denn ein ewiges Band eint mir noch immer den Freund.
Liebe heißet dies Band, das an den Tag mir geknüpft
Hat die erebische Nacht, Tod mit dem Leben vereint.
Ja ich kenne ein Land, wo Tote zu Lebenden reden,
Wo sie, dem Orkus entflohn, wieder sich freuen
                                        des Lichts,
Wo von Erinn'rung erweckt, sie auferstehn von den Toten
Wo ein irdisches Licht glühet im Leichengewand.
Seliges Land der Träume! wo, mit Lebendigen, Tote
Wandeln, im Dämmerschein, freuen des Daseins
                                        sich noch.
Dort, in dem glücklichen Land, begegnet mir wieder
                                        der Teure,
Freuet, der Liebe, sich meiner Umarmungen noch;
Und ich hauche die Kraft der Jugend dann in
                                        den Schatten,
Daß ein lebendig Rot wieder die Wange ihm färbt,
Daß die erstarreten Pulse vom warmen Hauche
                                        sich regen,
Und der Liebe Gefühl wieder den Busen ihm hebt.

Darum fraget nicht, Gespielen! was ich so bebe?
Warum das rosigte Rot löscht ein ertötendes Blaß?
Teil ich mein Leben doch mit unterirdischen Schatten,
Meiner Jugend Kraft schlürfen sie gierig mir aus.

Kann ich im Herzen heiße Wünsche tragen?
Dabei des Lebens Blütenkränze sehn,
Und unbekränzt daran vorüber gehn
Und muß ich traurend nicht in mir verzagen?

Soll frevelnd ich dem liebsten Wunsch entsagen?
Soll mutig ich zum Schattenreiche gehn?
Um andre Freuden andre Götter flehn,
Nach neuen Wonnen bei den Toten fragen?

Ich stieg hinab, doch auch in Plutons Reichen,
Im Schoß der Nächte, brennt der Liebe Glut
Daß sehnend Schatten sich zu Schatten neigen.

Verloren ist wen Liebe nicht beglücket,
Und stieg er auch hinab zur styg'schen Flut,
Im Glanz der Himmel blieb er unentzücket.

Ist alles stumm und leer;
Nichts macht mir Freude mehr;
Düfte, sie düften nicht,
Lüfte, sie lüften nicht;
Mein Herz ist so schwer!

Ist Alles öd' und hin;
Bange mein Herz und Sinn;
Möchte, nicht weiß ich, was;
Treibt mich ohn' Unterlaß,
Weiß nicht, wohin!

Ein Bild von Meisterhand
Hat mir den Sinn gebannt;
Seit ich das holde sah,
Ist's fern und ewig nah,
Mir anverwandt.

Ein Klang im Herzen ruht,
Der noch erquickt den Mut,
Wie Flötenhauch ein Wort,
Tönet noch leise fort,
Stillt Tränenflut.

Frühlinges Blumen treu
Kommen zurück aufs neu;
Nicht so der Liebe Glück,
Ach, es kommt nicht zurück –
Schön, doch nicht treu!

Kann Lieb' so unlieb sein,
Von mir so fern, was mein?
Kann Lust so schmerzlich sein,
Untreu so herzlich sein?
O Wonn', o Pein!

Phönix der Lieblichkeit,
Dich trägt dein Fittig weit
Hin zu der Sonne Strahl,
Ach was ist dir zumal
Mein einsam Leid!

## Marianne von Willemer

1784-1860

Hochbeglückt in deiner Liebe
Schelt ich nicht Gelegenheit,
Ward sie auch an dir zum Diebe
Wie mich solch ein Raub erfreut!

Und wozu denn auch berauben?
Gib dich mir aus freier Wahl,
Gar zu gerne möcht ich glauben –
Ja! ich bin's die dich bestahl.

Was so willig du gegeben
Bringt dir herrlichen Gewinn,
Meine Ruh, mein reiches Leben
Geb' ich freudig, nimm es hin.

Scherze nicht! Nichts von Verarmen!
Macht uns nicht die Liebe reich?
Halt ich dich in meinen Armen,
Jedem Glück ist meines gleich.

Was bedeutet die Bewegung?
Bringt der Ost mir frohe Kunde?
Seiner Schwingen frische Regung
Kühlt des Herzens tiefe Wunde.

Kosend spielt er mit dem Staube
Jagt ihn auf in leichten Wölkchen,
Treibt zur sichern Rebenlaube
Der Insekten frohes Völkchen.

Lindert sanft der Sonne Glühen,
Kühlt auch mir die heißen Wangen
Küßt die Reben noch im Fliehen,
Die auf Feld und Hügel prangen.

Und mir bringt sein leises Flüstern
Von dem Freunde tausend Grüße;
Eh noch diese Hügel düstern
Grüßen mich wohl tausend Küsse.

Und so kannst du weiter ziehen!
Diene Freunden und Betrübten.
Dort wo hohe Mauern glühen
Find' ich bald den Vielgeliebten.

Ach! die wahre Herzenskunde,
Liebeshauch, erfrischtes Leben
Wird mir nur aus seinem Munde,
Kann mir nur sein Atem geben.

Ach! um deine feuchten Schwingen,
West, wie sehr ich dich beneide:
Denn du kannst ihm Kunde bringen
Was ich in der Trennung leide.

Die Bewegung deiner Flügel
Weckt im Busen stilles Sehnen,
Blumen, Augen, Wald und Hügel
Stehn bei deinem Hauch in Tränen.

Doch dein mildes sanftes Wehen
Kühlt die wunden Augenlider;
Ach für Leid müßt' ich vergehen,
Hofft' ich nicht zu sehn ihn wieder.

Eile denn zu meinem Lieben,
Spreche sanft zu seinem Herzen;
Doch vermeid' ihn zu betrüben
Und verbirg ihm meine Schmerzen.

Sag ihm, aber sag's bescheiden:
Seine Liebe sei mein Leben,
Freudiges Gefühl von beiden
Wird mir seine Nähe geben.

# Marceline Desbordes-Valmore

1786-1859

## MACHTLOS VOR DIR

Ich weiß nicht, wie mein Zorn entstand ...
Da sprach er – Unmutsschatten schwand.
Sein Auge bat, sein Mund lockt schon,
Wohin nur bist du, Zorn, entflohn?
   Ich weiß es nicht.

Ach hätt ich nie sein Wort gehört –
Der Schleier meiner Tränen sinkt:
Er lächelt ... Ob er mich betört,
Ob Himmelsmacht zur Liebe zwingt?
   Ich will nicht mehr.

Sein Bild verfolgt mich allerwärts,
Was nützt da noch mein Schwur, mein Eid,
Was hilft ein eisgepanzert' Herz?
Ich stürbe, wenn er fern, vor Leid.
   Wie rett ich mich?

Gewitter der Liebe
mit all den klagenden Nestern,
wund im Laub, dem Jagen
von Blüten, verlorenen Vögeln,
und alle am Himmel doch:
Wer euch verliert,
ihr herrlichen Blitze – erblindet
ist er für immer!

# Annette von Droste-Hülshoff

1797-1848

## SPÄTES ERWACHEN

Wie war mein Dasein abgeschlossen,
Als ich im grün umhegten Haus
Durch Lerchenschlag und Fichtensprossen
Noch träumt' in den Azur hinaus.

Als keinen Blick ich noch erkannte,
Als den des Strahles durchs Gezweig,
Die Felsen meine Brüder nannte,
Schwester mein Spiegelbild im Teich.

Nicht rede ich von jenen Jahren,
Die dämmernd uns die Kindheit beut;
Nein, so verdämmert und zerfahren
War meine ganze Jugendzeit.

Wohl sah ich freundliche Gestalten
Am Horizont vorüberfliehn;
Ich konnte heiße Hände halten
Und heiße Lippen an mich ziehn;

Ich hörte ihres Grußes Pochen,
Ihr leises Wispern um mein Haus
Und sandte schwimmend, halbgebrochen,
Nur einen Seufzer halb hinaus.

Ich fühlte ihres Hauches Fächeln,
Und war doch keine Blume süß;
Ich sah der Liebe Engel lächeln,
Und hatte doch kein Paradies.

Mir war als habe in den Noten
Sich jeder Ton an mich verwirrt,
Sich jede Hand, die mir geboten,
Im Dunkel wunderlich verirrt.

Verschlossen blieb ich, eingeschlossen
In meiner Träume Zauberturm,
Die Blitze waren mir Genossen
Und Liebesstimme mir der Sturm.

Dem Wald ließ ich ein Lied erschallen,
Wie nie vor einem Menschenohr,
Und meine Träne ließ ich fallen,
Die heiße, in den Blumenflor.

Und alle Pfade mußt' ich fragen:
Kennt Vögel ihr und Strahlen auch?
Doch keinen: wohin magst du tragen?
Von welchem Odem schwillt dein Hauch?

Wie ist das anders nun geworden,
Seit ich ins Auge dir geblickt!
Wie ist nun jeder Welle Borden
Ein Menschenbildnis eingedrückt!

Wie fühl' ich allen warmen Händen
Nun ihre leisen Pulse nach,
Und jedem Blick sein scheues Wenden,
Und jeder schweren Brust ihr Ach!

Und alle Pfade möcht' ich fragen:
Wo zieht ihr hin? wo ist das Haus,
In dem lebend'ge Herzen schlagen,
Lebend'ger Odem schwillt hinaus?

Entzünden möcht' ich alle Kerzen
Und rufen jedem müden Sein:
Auf ist mein Paradies im Herzen,
Zieht alle, alle nun hinein!

Kein Wort, und wär' es scharf wie Stahles Klinge,
Soll trennen, was in tausend Fäden Eins,
So mächtig kein Gedanke, daß er dringe
Vergällend in den Becher reinen Weins;
Das Leben ist so kurz, das Glück so selten,
So großes Kleinod, einmal sein statt gelten!

Hat das Geschick uns, wie in frevlem Witze,
Auf feindlich starre Pole gleich erhöht,
So wisse, dort, dort auf der Scheidung Spitze
Herrscht, König über alle, der Magnet,
Nicht fragt er, ob ihn Fels und Strom gefährde,
Ein Strahl fährt mitten er durchs Herz der Erde.

Blick' in mein Auge, – ist es nicht das deine,
Ist nicht mein Zürnen selber deinem gleich?
Du lächelst – und dein Lächeln ist das meine,
An gleicher Lust und gleichem Sinnen reich;
Worüber alle Lippen freundlich scherzen,
Wir fühlen heil'ger es im eignen Herzen.

Pollux und Kastor, – wechselnd Glühn und Bleichen,
Des einen Licht geraubt dem andern nur,
Und doch der allerfrömmsten Treue Zeichen. –
So reiche mir die Hand, mein Dioskur!
Und mag erneuern sich die holde Mythe,
Wo überm Helm die Zwillingsflamme glühte.

Zum zweiten Male will ein Wort
Sich zwischen unsre Herzen drängen,
Den felsbewachten Erzeshort
Will eines Knaben Mine sprengen.
Sieh mir ins Auge, hefte nicht
Das deine an des Fensters Borden,
Ist denn so fremd dir mein Gesicht,
Denn meine Sprache dir geworden?

Sieh freundlich mir ins Auge, schuf
Natur es gleich im Eigensinne
Nach harter Form, muß ihrem Ruf
Antworten ich mit scharfer Stimme;
Der Vogel singt, wie sie gebaut,
Libelle zieht die farb'gen Ringe,
Und keine Seele hat bis heut'
Sie noch gezürnt zum Schmetterlinge.

Still ließ an meiner Jahre Rand
Die Parze ihre Spindel schlüpfen,
Zu strecken meint' ich nur die Hand,
Um alte Fäden anzuknüpfen,
Allein den deinen fand ich reich,
Ich fand ihn vielbewegt verschlungen,
Darf es dich wundern, wenn nicht gleich
So Ungewohntes mir gelungen?

Daß manches schroff in mir und steil,
Wer könnte, ach, wie ich es wissen!
Es ward, zu meiner Seele Heil,
Mein zweites zarteres Gewissen,
Es hat den Übermut gedämpft,
Der mich Giganten gleich bezwungen,
Hat glühend, wie die Reue kämpft,
Mit dem Dämone oft gerungen.

Doch du, das tief versenkte Blut
In meinem Herzen, durftest denken,
So wolle ich mein eignes Gut,
So meine eigne Krone kränken?
O, sorglos floß mein Wort und bunt,
Im Glauben, daß es dich ergötze,
Daß nicht geschaffen dieser Mund
Zu einem Hauch, der dich verletze.

Du zweifelst an der Sympathie
Zu einem Wesen dir zu eigen?
So sag' ich nur, du konntest nie
Zum Gletscher ernster Treue steigen,
Sonst wüßtest du, daß auf den Höhn
Das schnöde Unkraut schrumpft zusammen
Und daß wir dort den Phönix sehn,
Wo unsre liebsten Zedern flammen.

Sieh her, nicht eine Hand dir nur,
Ich reiche beide dir entgegen,
Zum Leiten auf verlorne Spur,

Zum Liebespenden und zum Segen,
Nur ehre ihn, der angefacht
Das Lebenslicht an meiner Wiege,
Nimm' mich, wie Gott mich hat gemacht,
Und leih' mir keine fremden Züge!

SONETTE AUS
DEM PORTUGIESISCHEN

XX

Geliebter; mein Geliebter, wenn ich denk
vor einem Jahr –: Da saß ich noch wie eh,
und deine Fußspur war noch nicht im Schnee,
und rings das Schweigen war noch ungelenk,

von deiner Stimme nicht geschult. Ich ließ
die langen Ketten langsam, Glied nach Glied,
durch meine Finger gehn, nicht wissend dies:
daß du schon möglich warst. Wie mir geschieht,

da ich des Lebens tiefes Staunen trinke.
Und wunderlich, daß Tag und Nacht von dir
nicht schon erzitterten. Was gaben mir

die weißen Blumen, die du sahst, nicht Winke?
So zugeschlossen sind, die Gott verneinen
für seine Gegenwart. Ich wars der deinen.

Vor Jahren aber war mein Umgang sehr
unwirklich. Nicht zu Männern oder Frauen,
nur zu Gesichten hatte ich Vertrauen
und dachte nie an anderen Verkehr

und süßern Klang. Doch sie verstummen bald,
ihr langer Purpur hing in Staub hinein,
und meine kaum zu haltende Gestalt
verblich mit ihrem Blick. Du kamst, zu sein,

was jene schienen. Ihrer Stirnen Schimmer,
ihr Glanz und ihr Gesang (wie Wasser, das
Weihwasser wird, nur anders noch und mehr)

war so in dir, von dir aus mein Begehr
weit überfüllend. Wir erträumen was,
doch wenn Gott gibt, so übertrifft er immer.

Verzeih, verzeih, daß meine Seele sich
vermaß, von all der Gnade, die du bist,
ein Bild zu machen, das so brüchig ist
und nichts als Sand und Sand. Es haben mich

die harten Jahre vor die Stirn geschlagen
(vergangne Jahre, die du nicht gekrönt)
und haben mein verwirrtes Hirn gewöhnt,
Zweifel und Angst so lange zu ertragen,

daß deiner Liebe köstliche Kontur
ihm anders nicht gelingt als halbentstellt.
So kann ein Heide nach dem Schiffbruch nur

den Rettenden, den Herrn der Wogenwelt
sich formen als unförmlichen Delphin;
und so, am Tempeltor, verehrt er ihn.

## Tahira Qurratul'ain

1817-1852

Sollte mein Auge je Dich erschaun
    Antlitz um Antlitz, dort und dort,
Künd' ich den Kummer, den ich erlitt,
    Zeile um Zeile, Wort um Wort.
Um Dein Gesicht nur einmal zu sehn,
    weh' ich dahin, dem Morgenwind gleich,
Winkel um Winkel, Haus um Haus,
    Türe um Türe, Port um Port.
Von meinem Auge, sehnsuchterfüllt
    rinnen des Herzbluts Fluten und Flut,
Ströme um Ströme, Meer um Meer,
    Quelle um Quelle, fort und fort.
Für meine Seele zum Gewand
    webte mein trübes Herz Deine Lieb'
Faden um Faden, Garn um Garn,
    Einschlag um Einschlag, Bord um Bord.
Wandt' ich dem eigenen Herzen mich zu,
    fand ich darin nichts als Dein Du –
Seite um Seite, Stück um Stück,
    Schleier um Schleier, Ort um Ort.

## Emily Brontë
1818-1848

Kalt in der Erde – der Schnee hoch gehäuft darüber,
In Grabestiefe kalt, entrückt so weit!
Hab ich vergessen die Liebe zu dir, mein Lieber,
Trennt uns zuletzt die alles-trennende Zeit?

Und kreisen, allein nun, nimmer meine Gedanken
Über den Bergen am Nordmeer, über der Flut,
Nicht wo ihre Flügel in Heide und Farnkraut sanken,
Dort wo dein edles Herz für immer ruht?

Kalt in der Erde – und fünfzehn Dezemberfröste,
Im Frühjahr herabgetaut vom Hügel, dem braunen:
Treu wahrlich die Seele, die nicht vom Erinnern
                                        sich löste
Nach solchen Leidensjahren und Schicksalslaunen!

Vergib, mein Frühgeliebter, wenn ich dich vergessen,
Im reißenden Strom der Welt, der mich mit sich entführt,
Ich bin von andrem Verlangen und Hoffen besessen,
Ein Hoffen, das dich verdunkelt, doch nicht berührt!

Kein späteres Licht hat meinen Himmel erhellt,
Kein zweiter Morgen ist aufgeleuchtet vor mir;
Mein ganzes Glück ist mit deinem Leben zerschellt,
Mein ganzes Glück ist in dem Grab bei dir.

Doch als dann die Tage goldenen Träumens verweht,
Und selbst die Verzweiflung ohnmächtig und nicht mehr
                                        versehrt,
Da wahrlich lernt ich wie man das Dasein besteht,
Gestärkt und ohne das Zubrot der Freude genährt.

Da gewöhnt ich mir ab, mich so jung nach dir zu
                                        verzehren,
Und stillte den heißen Strom vergeblicher Tränen –
Versagte mir streng der Seele brennend Begehren
In jene Gruft zu sinken, sie mein zu wähnen.

Zwar schmacht ich nicht, bin nicht in Schmerz
                                        versunken,
Wag's nicht, noch dem Erinnrungskult zu frönen;
Doch einmal tief aus reinster Qual getrunken,
Wie könnt ich noch die leere Welt ersehnen?

# Christina Rossetti

1830-1884

Gedenke mein, bin ich erst fortgegangen,
  Weit fortgegangen in das stille Land;
  Und du hältst mich nicht länger an der Hand,
Die halb zum Gehn, zum Bleiben halb Gewandte.
Gedenke mein, wenn du mir Tag um Tag
  Nicht mehr die Zukunft malst, die du geplant:
  Gedenke mein – versteh mich recht – denn dann
Wird es zu spät sein für Gebet und Rat.
Doch wenn du kurze Zeit vergißt und dich
  Erinnerst wiederum, laß dichs nicht kränken;
Wenn nur in Dunkel und Verwesung sich
Ein Hauch bewahrt von meinem frühren Denken,
  Wünscht es weit mehr, du lächelst und vergißt,
  Als daß du mein gedenkst und traurig bist.

## Emily Dickinson

1830-1886

Seine Stimme wieder – an der Tür –
Ich spüre früheren *Grad* –
Höre wie er den Diener
Nach – meinesgleichen – fragt –

Nehm im Gehen – eine *Blume* mit –
*Rechtfertige* mein Gesicht –
Er *sah* mich nie – *im Leben* –
Sonst *stutzt* vielleicht sein Blick!

Geh durch den Flur *gemischten Schritts* –
Steh – schweigend – in der Tür –
Seh alles was die Welt *enthält* –
*Nur sein Gesicht* – nichts mehr!

Wir reden *sorglos* – *stürzend* –
Fast wie das *Bleilot* sinkt –
Wobei ein jeder – scheu – sondiert –
Wie – tief – genau –
Der *andere* – jeweils ging –

Wir *gehn* – ich laß den Hund – daheim –
Ein *zart* – *achtsamer* Mond
Begleitet uns – ein kleines Stück –
Und – dann sind wir *allein* –

*Allein* – wie *Engel* so ›allein‹ –
Die den *Himmel erstmals proben!*
Wie jene ›Florgesichter‹ – *sind* –
*Uns unzählbar* – hoch Oben!

Ich gäb – die Stunde – zu *erneun* –
Den *Purpur* – *meiner Venen* –
Doch daß *Er* – *selbst* – *die Tropfen zählt* –
Ist *mein Preis* – für *jeden Flecken*!

Wilde Nächte – Wilde Nächte!
Wär ich bei dir
Wilde Nächte würden
Uns Elixier!

Was will – der Wind noch –
Das Herz liegt im Hafen –
Fort mit dem Kompaß –
Fort mit den Karten!

Landen in Eden –
Ach, das Meer!
Dürft ich doch ankern – Heute Nacht –
In Dir!

Gewiß – hab ich gebetet –
Und hat es Gott gerührt?
Soviel als stampfte mit dem Fuß
Ein Vogel – auf die leere Luft –
Und schrie ›Gib mir‹ –
Mein Grund – Ich hatte Leben –
Ja nie gekannt – außer durch Dich –
Barmherziger wärs gewesen
Man ließ mich in der Atome Gruft –
Heiter, und Nichts, und froh, und stumpf –
Als dieses stolze Elend.

Wir entwachsen der Liebe, wie anderen Dingen
Und legen sie in die Lade –
Bis sie altmodischen Zuschnitt zeigt –
Wie Tracht von Ahnen getragen.

## Ricarda Huch

1864-1947

### URALTER WORTE KUNDIG

Uralter Worte kundig kommt die Nacht;
Sie löst den Dingen Rüstung ab und Bande,
Sie wechselt die Gestalten und Gewande
Und hüllt den Streit in gleiche braune Tracht.

Da rührt das steinerne Gebirg sich sacht
Und schwillt wie Meer hinüber in die Lande.
Der Abgrund kriecht verlangend bis zum Rande
Und trinkt der Sterne hingebeugte Pracht.

Ich halte dich und bin von dir umschlossen,
Erschöpfte Wandrer wiederum zu Haus;
So fühl ich dich in Fleisch und Blut gegossen,

Von deinem Leib und Leben meins umkleidet.
Die Seele ruht von langer Sehnsucht aus,
Die eins vom andern nicht mehr unterscheidet.

Sieh mich, das Meer, das dir zu Füßen brandet,
Laß dich umschlingen, küssen, schmelzen, komm!
Wie Well um Welle stürmend dich erklomm,
Bist du ein Gott, in Element gewandet.

Laß deinen Leib von meinem Leib umgleiten!
Kein Flor, kein Hauch, kein Strahl mehr, der uns trennt.
Nur du, nur du, soweit der Blick erkennt,
Umbraust vom Mantel meiner Zärtlichkeiten.

Den Ozean, den ihre Glut durchdrungen,
Verläßt die Sonne, und mit Huld zerstörend
Tilgt ihre Schönheit die geballte Nacht.

Du laß die Welt in ewgen Dämmerungen!
Geduldger Andacht Ungestüm erhörend
Begrabe dich in meine Liebesmacht.

# Sinaida Hippius

1869-1945

## GRENZE

Für D. W. Filosofow

Das Herz ist erfüllt vom Glück des Begehrens
vom Glück des Möglichen und des Gewährens –
doch da beginnt es schon ängstlich zu beben:
Es könnte ja eine Erfüllung geben ...
Wir wollen nicht voll das Leben empfangen,
die Schwere des Glücks, sie läßt uns nur bangen.
Töne? Ja, schon; Harmonien jedoch schrecken.
Wie gern wir uns Grenzen entgegenstrecken;
  wir lieben sie ewig, in ewigem Leiden
  und sterben, ohne sie je zu erreichen ...

## Else Lasker-Schüler

1869-1945

### WENN DU KOMMST

Wollen wir den Tag im Kelch der Nacht verstecken,
Denn wir sehnen uns nach Nacht.
Goldene Sterne sind unsere Leiber,
Die wollen sich küssen – küssen.

Spürst du den Duft der schlummernden Rosen
Über die dunklen Rasen –
So soll unsere Nacht sein.
Küssen wollen sich unsere goldenen Leiber.

Immer sinke ich in Nacht zur Nacht.
Alle Himmel blühen dicht von funkelnder Liebe.
Küssen wollen sich unsere Leiber, küssen – küssen.

Über dein Gesicht schleichen die Dschungeln.
O, wie du bist!

Deine Tigeraugen sind süß geworden
In der Sonne.

Ich trag dich immer herum
Zwischen meinen Zähnen.

Du mein Indianerbuch,
Wild West,
Siouxhäuptling!

Im Zwielicht schmachte ich
Gebunden am Buxbaumstamm –

Ich kann nicht mehr sein
Ohne das Scalpspiel.

Rote Küsse malen deine Messer
Auf meine Brust –

Bis mein Haar an deinem Gürtel flattert.

## HINTER BÄUMEN
## BERG' ICH MICH

Hinter Bäumen berg ich mich –

Bis meine Augen
Ausgeregnet haben.

Und halte sie tief verschlossen,
Daß niemand dein Bild schaut.

Ich schlang meine Arme um dich
Wie Gerank;

Bin doch mit dir verwachsen,
Warum reißt du mich von dir?

Ich schenkte dir die Levkoje
Meines Leibes,

Alle meine Schmetterlinge scheuchte ich
In deinen Garten.

Immer ging ich durch Granaten,
Sah durch mein Blut

Die Welt überall brennen
Vor Liebe.

Schlage mit der Stirn nun
Meine Tempelwände düster.

Du falscher Gaukler,
Du spanntest ein loses Seil.

Wie kalt nun alle Grüße sind.
Mein Herz liegt bloß,

Mein rot Fahrzeug
Pocht grausig;

Bin immer auf See
O, ich fühl, ich lande nie.

## Franziska zu Reventlow
### 1871-1918

Treulos bin ich gewesen
und hab dich einst doch geliebt.
Kannst du mir vergeben,
wenn ich dein Leben getrübt?

Treu hatt' ich dir geschworen,
Liebe und ewige Treu.
Aber in wilden Stürmen
brach sie entzwei.

Als du heim aus der Fremde kehrtest,
war ich dein nicht mehr.
Ich lag in anderen Armen
von brennender Liebe verzehrt.

Wüßtest du, was ich gelitten,
könnt ich dir's sagen:
Welten von Qual und Schmerz
in jenen Tagen.

Kalte Fernen
trennen jetzt unser Leben.
Ich folge anderen Sternen –
Kannst du mir vergeben?

## Jelena Guro
1877-1913

Abseits führte die Straße,
und da war kein Weg.
  Keiner!
Dafür aber war sie sehr schön!
  Eben deshalb.
Sehr zärtlich war diese Straße zur Erde,
sie schmiegte sich dermaßen an – richtig rührend.
  Wir gewannen sie lieb, diese Straße,
  Gras wuchs auf ihr.
Mein Los, mein Los, o du mein Los!
Mein stilles, stilles Los.
Was soll ich mit dir, was du mit mir?
  Hast mich ganz schön gequält!

## Catherine Pozzi

1882-1934

### VALE

Die große Liebe die du mir gegeben hattest
Zerbrochen sind im Wind der Tage ihre Strahlen –
Da wo die Flamme war, wo das Geschick war
Da wo wir waren, wo mit fester Hand wir
　　Einander hielten

Unsere Sonne, deren Glut Gedanke war
Die Bahn für uns des Wesens ohnegleichen
Der zweite Himmel einer zwiegeteilten Seele
Das doppelte Exil in dem die Doppelung zergeht

Asche und Angst erscheint dir seine Stätte,
Unkenntlich war er deinem Blick geworden
Der Stern der zauberische der ungreifbar
Den höchsten Augenblick der einzigen Umarmung
　　Dem Unbekannten zu entrückte.

Die Zukunft aber die zu leben du erwartest
Ist mindre Gegenwart als das verschwundne Gut.
Und jede Lese die sie dir zuletzt gewährt
Was du auch trinkst dein einziger Rausch
　　Bleibt der verlorene Wein.

Ich fand das Himmlische und Wilde wieder
Das Paradies wo Angst Verlangen ist.
Das hohe Einst das durch die Zeiten wächst
Es ist mein Leib und nach dem Tode wird es
    Mein Anteil sein.

Wenn die vergeßne Wonne dann darin dein Name war
In einem Leibe neu zu einem Herzen sich gestaltet
Will unsren großen Tag ich abermals
Und diese Liebe leben die ich dir
    Auf daß sie schmerze gab.

## Sophia Parnok

1885-1933

### DIE GRAUE ROSE

Nacht. Schnee fällt unaufhörlich,
Moskau schläft … Und ich …
ich kann nicht schlafen,
ich liebe dich!

Wie schwül ist es nachts geblieben,
es singt das Blut …
Hör mich, hör meine Worte,
du, der ich gut:

Auf deinen Blüten
liegt des Frostes Licht.
Oh, graue Rose,
dir gilt mein Gedicht!

Du Rose des Dezember,
du leuchtest unter dem Schnee;
unsagbar die Wonne,
fast tut sie mir weh.

So stirb denn nun, so stirb mit mir,
meine Seele, meine Geißel, mein wildes Tier.
Man sah uns beide durch die Hölle gehn,
wir haben aber auch das Paradies schon gesehn.

## Agnes Mary Robinson

1885-1955

### ETRUSKISCHE GRÄBER

Daß je uns das geliebte Angesicht vergehn
    und Erde sein wird, uns nicht mehr verwandt!
Daß einer leben, klagen wird um den,
    der lang schon ruht in einem fremden Land!

Weise Etrusker, selbst verweht in Nacht –
    ein Rosenblatt blieb auf dem Wege liegen –,
der Toten Asche hieltet ihr in Acht
    und formtet das Gefäß nach ihren Zügen.

Solch eine Urne, Liebster, ist mein Leben,
    und inniges Gedenken formt an ihr;
Gestalt wird es dem Staub, der Erde geben,
    daß sie dem lieben Bilde gleichen – dir.

Die Urne, die Vergangnes heilig hält,
an dich gemahnt sie, bis der Ton zerfällt.

# Anna Achmatowa

1889-1966

## LIEBE

Mal rührt sie mit Zaubergewalt
die Herzen, zum Schlänglein gewunden,
mal gurrt sie in Taubengestalt
am Fenster unzählige Stunden,

mal strahlt sie im glitzernden Eis,
mal scheint sie im tropischen Schlummer,
doch führt sie verläßlich und leis
die Menschen zu Trauer und Kummer.

Wie klagt sie so süß im Gebet
der Geige, wie flehend und schüchtern,
doch fürchtet sich, wer sie errät
im Lächeln von fremden Gesichtern.

Man hat mir heute keinen Brief gebracht:
Ist er verreist? Vergaß er, ihn zu schicken?
Die Schiffe in der Bucht gemächlich nicken,
der Frühling trillert silberhell und lacht.
Man hat mir heute keinen Brief gebracht ...

Er war mit mir für eine kurze Dauer
von sanfter Liebe und Ergebenheit,
doch war das in der weißen Winterzeit –
jetzt herrscht der Frühling und verseucht mit Trauer ...
Er war mit mir für eine kurze Dauer.

Ich höre, wie im tödlichen Verdruß,
den Geigenbogen schneller, schneller schwingen
und habe Angst, es wird mein Herz zerspringen,
und diese Zeilen bleiben ohne Schluß ...

Wir werden nicht von einem Glase trinken:
kein Wasser und auch keinen süßen Wein,
des Morgens nicht in einem Kuß versinken
noch aus dem Fenster sehn im Abendschein.
Ich lebe aus dem Mond, du aus der Sonne,
doch schöpfen wir aus gleichem Liebesbronne.

Mit mir ist ein Begleiter sanft und treu,
mit dir ist eine Freundin voller Freude,
doch ahne ich, warum dein Auge scheu,
und deine Schuld ist, daß ich mich vergeude.
Wir lassen nur die kurzen Treffen zu
und wahren so die gegenseit'ge Ruh.

Doch stets in meinen Versen du erklangst,
und meine Stimme haucht durch deine Lieder.
Es gibt wohl eine Flamme, welche nie der
Vergessenheit anheimfiel und der Angst ...
Du weißt es nicht, und dennoch: Es verlocken
mich deine Lippen – rot und etwas trocken!

Kann nicht lachen und nicht singen,
sitz im tiefen Sinnen,
will mit allen unsren Dingen
ganz aufs neu beginnen:
Unser erster Streit, das dumme
heitere Geschwafel,
und noch einmal jene stumme,
jene letzte Tafel.

# Claire Goll
## 1890-1977

### HEIMKEHR

Seit dreitausend Jahren warten wir
Im härenen Schlafrock
Auf Odysseus' Heimkehr

Kalypso und Circe –
Vorwand für seine Irrfahrten –
Sind noch immer klassische Ausreden

Penelope gestern Penelope heute
Warten wir Asche im Haar:
Der Sage nach müßte jetzt Argos bellen

Der Hund der den Herrn im Bettler erkannte.
Was tun, wir haben keinen Argos
Und vielleicht entgleist dein Zug?

Verstört seh ich dein Bild auf dem Kamin
Wie im Vexierspiegel verzerrt
Einmal konvex, einmal konkav.

Das Fenster zittert in meiner Hand
Als wollte es vor Angst zerspringen:
Vielleicht bringst du die Fremdlingin

In deinen goldenen Augen mit?
Wie dem auch sei! Mein Kapital
Hab ich in Rosen angelegt.

Fort mit euch, freche Freier!
Was kümmern mich Kalypso, Circe!
Du kommst zurück!

## Nelly Sachs
1891-1970

Geschirmt sind die Liebenden
unter dem zugemauerten Himmel.
Ein geheimes Element schafft ihnen Atem
und sie tragen die Steine in die Segnung
und alles was wächst
hat nur noch eine Heimat bei ihnen.

Geschirmt sind die Liebenden
und nur für sie schlagen noch die Nachtigallen
und sind nicht ausgestorben in der Taubheit
und des Waldes leise Legenden, die Rehe,
leiden in Sanftmut für sie.

Geschirmt sind die Liebenden
sie finden den versteckten Schmerz der Abendsonne
auf einem Weidenzweig blutend –
und üben in den Nächten lächelnd das Sterben,
den leisen Tod
mit allen Quellen, die in Sehnsucht rinnen.

Linie wie
lebendiges Haar
gezogen
todnachtgedunkelt
von dir
zu mir.

Gegängelt
außerhalb
bin ich hinübergeneigt
durstend
das Ende der Fernen zu küssen.

Der Abend
wirft das Sprungbrett
der Nacht über das Rot
verlängert deine Landzunge
und ich setze meinen Fuß zagend
auf die zitternde Saite
des schon begonnenen Todes.

Aber so ist die Liebe –

## Marina Zwetajewa

1892-1950

Ich reiß dich aus jeder Erde, aus jedem Himmel,
Denn der Wald ist mir Wiege, und mein Grab der Wald,
Denn ich steh auf der Erde mit einem Fuß, nur
                                    mit einem,
Denn ich will dir singen wie niemand zuvor, wie keine.

Ich reiß dich aus allen Nächten und allen Zeiten,
Aus Fahnen von Gold, aus Schwertern und brennenden
                                    Leitern,
Ich werf die Schlüssel weg, ich jag den Hund von
                                    der Tür,
Sichrer als mit allen Hunden bist du in der Nacht
                                    mit mir.

Ich reiß dich von allen, und von jener einen auch,
Du wirst niemandes Mann sein, ich niemandes Frau,
Und im letzten Kampf nehm ich dich – und schweig! –
Jenem, der Jakob die Stärke des Engels zeigt.

Aber bevor ich dir auf der Brust die Finger verschränk,
Bleibst du – o Fluch! – bei dir, du, keiner Geschenk:
Deine zwei Flügel, weit in den Äther gestellt –
Denn die Welt ist dir Wiege, und dein Grab – die Welt!

Wie geht's mit der Andern weiter,
Leichter? – Nur ein Ruderschlag! –
Und als Insel einsam gleitend
Schwinde ich am gleichen Tag

Ins Vergessen – fern die Küste
(Schwimmen – immer – himmelwärts!).
Seelen, seid, zu zweit, Geschwister,
Nicht Hetären Herz an Herz!

Wie geht's mit der Neuen, *Schlichten*,
Der die Gottesgabe fehlt?
Nach dem Thronverlust – vernichtet
Ist die Herrin, abgewählt.

Und im Alltag – geht's jetzt besser?
Mit dem Aufstehn? Zank und Gram?
Welches ist der Preis, Sie Ärmster,
Für den ewig gleichen Kram?

»Schluß mit Kämpfen und Querelen!
Ich, zur Miete, will ein Haus!«
Wie geht's meinem Auserwählten
Mit der braven Dutzendfrau?

Ob denn auch das Essen mundet?
Wie auch immer, Zorn lohnt nicht ...
Wie vergehn mit jenem Bild die Stunden
Dem, der mit dem Sinai bricht?

Wie geht's mit der Fremden weiter?
Deren Rippe – schmeckt sie fein?
Zeus mit seinem Zaumzeug – peitscht er
Ihrer Stirn die Scham nicht ein?

Also wie geht's weiter – heiter? –
Singen Sie? – fühlt man sich gut?
Was ist, Ärmster, mit dem Eiter
Des Gewissens, das nie ruht?

Und was ist mit all dem Plunder,
Den der Markt bringt? Zins zu hoch?
Marmor aus Carrara – Wunder!
Und wie lebt's sich jetzt? Nur noch

Gips und Mulm! (Aus *einem* Brocken –
Gott! Doch nun ist er kaputt!)
Da Sie einstmals Lilith mochten –
Ist die x-te Kebse gut genug?

Macht Sie, was die Märkte bieten –
Neuheit! – satt? Fern die Magie –
Wie ist's, eine Irdische zu lieben,
Die den sechsten Sinn noch *nie*

Besaß?

    Auf den Kopf zu: sind Sie
Glücklich? Nein? Wie lebt es sich
Dort, tiefoben, mit der Mindern?
Schwer? Wie mit dem Andern – ich?

Bist fort: ich schneide
Das Brot mir nicht mehr.
Alles ist Kreide,
Was ich berühr.

... Warst, duftend heiß,
Mein Brot. Warst mein Schnee.
Und der Schnee ist nicht weiß,
Und das Brot tut weh.

## Edna St. Vincent Millay

1892-1950

### PASSER MORTUUS EST

Tod verschluckt, was niedlich war;
  Lesbia und ihr Sänger
Teilt das Finster; augenblicks
  Jedes Bett ist enger.

Spurenlos wie alter Wind
  Ist das Fest verklungen,
Und die kleine trutzige Hand
  Stirbt bei Anmerkungen.

Eigentlich, mein weiland Schwarm –
  Ders heut nicht mehr sehr ist –
Warum, sags, wars Liebe nie,
  Nur weil sies nicht mehr ist?

## Edith Södergran

1892-1923

ENTDECKUNG

Deine Liebe verdunkelt meinen Stern –
Der Mond geht auf in meinem Leben.
Meine Hand ist nicht zu Hause in der deinen.
Deine Hand ist Begier, –
meine Hand ist Sehnsucht.

# Henriette Hardenberg

1894-1993

## LIEBE

Zwei gehen nackt durch einen Wald,
Sie schreiten hoch
Und lachen mit den Vogelschreien.
Der wunde rasende Klang würgt ihre Kehlen.
In ihren Häuten brennen sie eisig,
Atemstücke brechen aus verschütteten Massen.
Menschen reißen sich höher:
Ihr Kopf starrt vor,
Augen, die tief bluten,
Stürzen in Schädel zurück.
Arme und Beine sind Stricke,
Sie meistern krachende Leiber.
Zwei fühlen sich breit verschmelzen und berühren
                                       sich nicht.

Sie schlingen sich um Bäume
Und brechen entzwei.

## Alice Rühle-Gerstel

1894-1943


NACH DER LIEBE


Wie die Paare auf den Sarkophagen
Liegen wir auf unserem Bette da.
Ruhigen Lides auf- und abgetragen
Von dem Leben, von der Lust, die uns geschah.

Streng gestreckt wir liegen Seit' an Seite,
In den Adern schon das Licht verglüht,
Steinern wird das Antlitz – und der Hemden Faltenweite,
Von der Sorge, aus dem Traume nicht zu fallen, sind wir
                                        streng bemüht.

Doch dann schwingt die Lippe sich nach unten,
Stumm verschließend Lieb' und Liebesnot,
Und die Glieder, aus der Glut entbunden,
Werden einsam, wie der Tod.

Sieg und Sturz der Leiber sinkt ins Schweigen.
Glätte zieht und Kälte in uns ein.
Wir entschlafen, jeder letztlich um sein Eigen,
Wie die Seligen auf ihrem ewigen Stein.

## Gertrud Kolmar

1894-1943

### DIE VERLASSENE

An K. J.

Du irrst dich. Glaubst du, daß du fern bist
Und daß ich dürste und dich nicht mehr finden kann?
Ich fasse dich mit meinen Augen an,
Mit diesen Augen, deren jedes finster und ein Stern ist.

Ich zieh dich unter dieses Lid
Und schließ es zu und du bist ganz darinnen.
Wie willst du gehn aus meinen Sinnen,
Dem Jägergarn, dem nie ein Wild entflieht?

Du läßt mich nicht aus deiner Hand mehr fallen
Wie einen welken Strauß,
Der auf die Straße niederweht, vorm Haus
Zertreten und bestäubt von allen.

Ich hab dich liebgehabt. So lieb.
Ich habe so geweint ... mit heißen Bitten ...
Und liebe dich noch mehr, weil ich um dich gelitten,
Als deine Feder keinen Brief, mir keinen Brief mehr
schrieb.

Ich nannte Freund und Herr und Leuchtturmwächter
Auf schmalem Inselstrich,
Den Gärtner meines Früchtegartens dich,
Und waren tausend weiser, keiner war gerechter.

Ich spürte kaum, daß mir der Hafen brach,
Der meine Jugend hielt – und kleine Sonnen,
Daß sie vertropft, in Sand verronnen.
Ich stand und sah dir nach.

Dein Durchgang blieb in meinen Tagen,
Wie Wohlgeruch in einem Kleide hängt,
Den es nicht kennt, nicht rechnet, nur empfängt,
Um immer ihn zu tragen.

Mit der Rede peitschte er mich wie mit einer Gerte,
Ich hatte ihn nur noch lieber, da er mich schlug,
Und seine Worte gingen mit mönchischer Keuschheit
                      und Herbheit und Härte,
Düsterverhüllt, in langem, langsamem traurigen Zug.

Nie kam die verschleierte Stimme mit Lachen und Lied
                      von heiserer Kehle,
Doch Gedanken waren ein Quell hinter spröde
                      steinernem Damm,
Und ich sah seine wundervoll scheue, die arme,
                      verwundete Seele,
Die klein und schwer und blutend im Grunde schwamm.

## Francisca Stoecklin

1894-1931

### LIEBE

Seitdem du meine Hände nahmst,
träume ich deinen süßen Namen.

Voll purpurner Wirrnis sind meine Nächte.
Und alle Freunde muß ich meiden.

Manchmal schwebst du mir in den Traum,
und wir feiern kostbare Feste.

Auf Sternen begann uns're Liebe,
darum wissen wir uns so tief.

Wenn Ängste und Unheil über dich kommen,
blutet mein Herz dunkle Tränen.

Einmal habe ich mich
über dein schlafendes Antlitz geneigt.
Es war so rein ...
Und Alles, was du mir im Wachen
wie schmerzende Pfeile zuwarfst
schien dir nie zu gehören.
Jetzt bin ich allein ...
Will auch nicht stören.
Aber kanns nicht vergessen.
Vielleicht habe ich dich niemals
inniger besessen,
als du mir schlafend
die liebliche Maske deiner Unschuld gezeigt.

Einmal habe ich mich
über dein schlafendes Antlitz geneigt.

# Rose Ausländer

1901-1988

## Wort an Wort

Wir wohnen
Wort an Wort

Sag mir dein
Liebstes
Freund

meines heißt
DU

## Marie Luise Kaschnitz

1901-1974

### AM RHEIN BEI BREISACH

Waren wir es, die am Flusse gingen
An dem Tag, da spät die Sonne kam
Und ihr Licht warf in bewegten Ringen
Durch den Wirrwarr von Gebüsch und Stamm?

Große Vögel, ruhigen Flügelschlages
Folgten sich im letzten Schein des Tages.

Wer hat Mut, daß er die Blüte bricht?
Wessen Hand,
Die zuvor die fremde noch umspannt,
Zittert nicht?

Uns zur Seite war das dunkle Fließen,
Unaufhaltsam trieb der Strom dahin
Helle Körper, fröhlich mitgerissen.
Und du sagtest, Liebe ist Gewinn …
Silbern überm Wasser lag dein Land.
Wessen Hand
Zittert nicht?

Wie entschwindet plötzlich dein Gesicht,
Wächst und steht schon jenseits und zerrinnt.
Nie mehr werd ich Sehnsucht aus ihm lesen.

Leide nicht.
Tief im Herzen wohnt uns die Gefahr.
Laß mich glauben, es sei gut gewesen,
Wie es war.

## DEIN SCHWEIGEN

Du entfernst dich so schnell
Längst vorüber den Säulen des Herakles
Auf dem Rücken von niemals
Geloteten Meeren
Unter Bahnen von niemals
Berechneten Sternen
Treibst du
Mit offenen Augen.

Dein Schweigen
Meine Stimme
Dein Ruhen
Mein Gehen
Dein Allesvorüber
Mein Immernochda.

## DU SOLLST NICHT

Du sollst mir nicht zusehen wenn
Meine Fratzen den Spiegel zerschneiden
Wenn ich mich umdrehe nachts
Fensterwärts wandwärts
Und die Leintücher seufzen.

Du sollst nicht sehen wie ich mich vorwärtstaste
Blind an der Kette meiner Niederlagen
(Auch an diese kann man sich halten)
Noch anwesend sein
Wenn ich meine pathetischen Verse lese.

Einmal bedurfte es nur eines Wortes von dir
Und die Laufschritte in meinem Rücken fielen ab.
Nur deiner Hand mir unter die Wange geschoben
Und ich schlief.

# Mascha Kaléko

1907-1975

## GROSSSTADTLIEBE

Man lernt sich irgendwo ganz flüchtig kennen
Und gibt sich irgendwann ein Rendezvous.
Ein Irgendwas – ist nicht genau zu nennen –
Verführt dazu, sich gar nicht mehr zu trennen.
Beim zweiten Himbeereis sagt man sich ›du‹.

Man hat sich lieb und ahnt im Grau der Tage
Das Leuchten froher Abendstunden schon.
Man teilt die Alltagssorgen und die Plage,
Man teilt die Freuden der Gehaltszulage,
… Das übrige besorgt das Telephon.

Man trifft sich im Gewühl der Großstadtstraßen.
Zu Hause geht es nicht. Man wohnt möbliert. –
– Durch das Gewirr von Lärm und Autorasen,
– Vorbei am Klatsch der Tanten und der Basen
Geht man zu zweien still und unberührt.

Man küßt sich dann und wann auf stillen Bänken,
– Beziehungsweise auf dem Paddelboot.
Erotik muß auf Sonntag sich beschränken.
… Wer denkt daran, an später noch zu denken?
Man spricht konkret und wird nur selten rot.

Man schenkt sich keine Rosen und Narzissen
Und schickt auch keinen Pagen sich ins Haus. –
– Hat man genug von Weekendfahrt und Küssen,
Läßt mans einander durch die Reichspost wissen
Per Stenographenschrift ein Wörtchen: ›aus‹!

Wär ich ein Vöglein, würd ich zu dir eilen!
Doch leider hab ich's Fliegen ganz verlernt.
Drum bleibt es wieder nur bei Luftpostzeilen.
– Mein Herz, wir sind fast siebentausend Meilen
Und zirka tausend Dollar weit entfernt ...

Ja, wenn ich wenigstens ein Seestern wäre,
Ein Zwergenwalfisch oder ein Delphin!
Ich überquerte die diversen Meere
So peu à peu und schwämme zu dir hin.
Auf dein Erstaunen freute ich mich diebisch ...
Doch leider schuf der Herr mich nicht amphibisch.

– Jetzt blühn bei euch die ersten Mandelbäume.
Vor lauter Sehnsucht tut das Herz mir weh.
Wär ich ein Vöglein ... (Nichts als Hungerträume!)
Die Nacht ist kalt. Verschlafen fällt der Schnee.
Wer weiß, ob ich dich jemals wiederseh ...

# Hilde Domin

\* 1909

## WO STEHT UNSER MANDELBAUM

Ich liege
in deinen Armen, Liebster,
wie der Mandelkern in der Mandel.
Sag mir: wo steht
unser Mandelbaum?

Ich liege in deinen Armen
wie in einem Schiff,
ohne Route noch Hafen,
aber mit Delphinen am Bug.

Unter unserem Rücken
ein Band von Betten,
unsere Betten in den vielen Ländern,
im Nirgendwo der Nacht,
wenn rings ein fremdes Zimmer versinkt.

Wohin wir kamen
– wohin wir kommen, Liebster,
alles ist anders,
alles ist gleich.

Überall wird das Heu
auf andere Weise geschichtet
zum Trocknen
unter der gleichen
Sonne.

Mein Geschlecht zittert
wie ein Vögelchen
unter dem Griff deines Blicks.

Deine Hände eine zärtliche Brise
auf meinem Leib.
Alle meine Wachen fliehn.

Du öffnest die letzte Tür.
Ich bin so erschrocken
vor Glück
daß aller Schlaf dünn wird
wie ein zerschlissenes Tuch.

Harte fremde Hände
sollen über mich fahren
wie Pflüge
und deine Wurzeln zerreißen.
Ich will meinen Körper einreiben
mit fremdem Schweiß
wie mit einer beizenden Salbe
daß alle Poren vergessen
wie du riechst.
Haare ohne Namen
sollen auf meiner Haut liegen
wie Tannennadeln auf dem Waldboden,
andere Lippen die Augen küssen
die für dich weinen.

Und meine Seele, die dich sucht
so natürlich
wie abends ein Vogel über das Meer fliegt,
verliert die Richtung
und kommt
nie wieder an Land.

## Olga Anstej

1912-1985

Hab mich so ziemlich
mit dem Schicksal abgefunden,
hab nachgegeben, resigniert.
Ertrag's, daß dein Gesicht sich lächelnd
zu einer andern neigt,

nicht ich an deinem Namenstag
Piroggen auf den Tisch dir stelle,
mit dir nicht Fliederzweige pflücke,
nicht durch gelbe Blätter raschelnd geh ...

Doch wenn ich dich am Ende
deines Lebens hilflos seh,
und eine andre sitzt mit Spritze,
Verband und Buch an deinem Bett,

rückt ohne Löffelklirren dir die Suppe hin,
stützt dir den Kopf beim Essen,
liest dir die letzten Verse
vom Mund und schreibt sie auf,
wäscht dir den Eiter
von den durchgelegnen Stellen,

erhebt sich schließlich, bekreuzigt sich,
schaut auf dein jung gewordenes Gesicht –
o Gott, mit letzter Kraft

fleh ich dich an: Hilf,
daß ich's nicht erlebe,
schick mir den Tod vorher.

## Christine Lavant

1915-1973

Seit heute, aber für immer,
weiß ich: Die Erde ist wirklich warm –;
ich gebe der Nessel den Brand zurück
und dem Igel die Stacheln.

Seit heute ist alles mein Schutzpatron
und die ganze Welt eine Weidenwiege,
darin uns der Windstoß zusammenschaukelt
und unsren Atem verknotet.

# Erika Burkart

*1922

EHE

Veränderlich Mnemosyne:
Erinnern – später Gesicht,
trennt und verbindet das kühne,
Schneisen schlagende Licht.

Alle paar Jahre ist dies und das
auf einen neuen Nenner zu bringen.
Wachstumsringe, die sich durchdringen –
ist auf sie Verlaß?

Mit Namen hilfst du mir aus,
ich führe dich zu den Quellen.
Im Runenberg Strahler, im Schweigen zuhaus,
treffen wir uns vor den Schwellen.

Du schließest auf, ich bewahre
– wir haben nichts abgemacht –.
Die lieben, leben. Durch Jahre
fordert der Tag, heilt die Nacht.

*Für Ernst*

# Wisława Szymborska

*1923

## LIEBE AUF DEN ERSTEN BLICK

Beide sind überzeugt,
sie habe ein plötzliches Gefühl vereint.
Diese Gewißheit ist schön,
doch die Ungewißheit ist schöner.

Sie meinen, weil sie sich früher nicht kannten,
sei zwischen ihnen nie etwas geschehn.
Was sagen die Straßen dazu, die Treppen, Korridore,
wo sie aneinander seit langem hätten
vorbeigehen können?

Ich wollte sie fragen,
ob sie sich erinnern –
irgendwann in der Drehtür vielleicht
Aug' in Aug'?
Ein »Pardon« im Gedränge?
Die Stimme im Hörer »falsch verbunden«?
– Ich kenne die Antwort.
Nein, sie erinnern sich nicht.

Es würde sie wundern zu hören,
der Zufall habe seit langem
mit ihnen gespielt.

Noch nicht ganz
Schicksal,
brachte er sie mal zusammen, mal auseinander,
versperrte den Weg,
sprang zur Seite,
kichernd.

Es gab Zeichen, Signale,
zwar unleserliche, na und?
Flog vor drei Jahren vielleicht
oder am vergangenen Dienstag
ein gewisses Blatt
von Schulter zu Schulter?
Es gab Verlorenes und Aufgehobenes.
Vielleicht war's schon ein Ball
Im Gebüsch der Kindheit?

Es gab Klinken und Klingeln,
auf die sich seit je
Berührung auf Berührung legte.
Koffer in der Aufbewahrung nebeneinander.
Vielleicht gab's den gleichen Traum in ein und
                              derselben Nacht,
sofort nach dem Erwachen gelöscht.

Denn jeder Anfang
ist nur Fortsetzung,
und das Buch der Ereignisse
ist immer aufgeschlagen, mittendrin.

## VERLIEBTE

Uns ist so still, daß wir das Lied,
das gestern gesungene, hören:
»Du gehst bergauf, ich geh ins Tal ...«*
Wir hören – und wolln es nicht glauben.

Unser Lächeln ist keine Maske der Trauer,
Güte bedeutet nicht Entsagen.
Die jetzt nicht lieben, tun uns leid,
noch mehr, als sie es wohl verdienen.

Wir sind von uns so sehr verwundert,
was könnte uns noch mehr verwundern?
Kein Regenbogen nachts.
Kein Schmetterling im Schnee.

Und wenn wir einschlafen,
sehn wir im Traum die Trennung.
Doch dieser Traum ist gut,
ja, dieser Traum ist gut,
weil wir davon erwachen.

---

* Anspielung auf ein polnisches Volkslied, in dem
es heißt: »Du gehst bergauf und ich ins Tal, du blühst
als Rose auf und ich als Himbeerstrauch.« (A. d. Ü.)

Da war ein Schlüssel, plötzlich ist er nicht da.
Wie kommen wir ins Haus, auf welche Weise?
Vielleicht findet jemand den verlorenen Schlüssel,
schaut ihn sich an – und was hat er davon?
Seine Hand spielt damit zum Spaß
wie mit einem Stück Eisen.

Stünde meine Liebe zu dir
vor ähnlich verschlossenen Toren,
ginge nicht nur uns, der ganzen Welt
diese eine Liebe verloren.
Aufgehoben in einer fremden Hand
öffnete sie kein Haus,
bliebe nur Form, vertan,
und Rost löschte sie aus.

Nicht aus Karten, Sternen, Pfauenschreien
läßt sich solche Zukunft prophezeien.

## Friederike Mayröcker

*1924

### TODES- UND LIEBESLIED

Komm ich führe dich ich geleite dich ich nehme dich mit
in den Lerchenschlag in das beschattete Auge von Siena
in den gemähten Tulpenwald in die sinkenden
                                    Katakomben
ins gehiszte Blau unseres Himmels in die mühseligen
                                    Nächte
in die Botschaft der sechzehnten Stunde (mit sanften
            Rufen roten Arien Glassturzgesichtern)


komm ich führe dich ich geleite dich ich nehme dich mit
an meine Schmerzlippe in den Schlaf in das Innere
                              meines Herzens
komm ich führe dich wir gehen verschlungene Wege
ich geleite dich du wirst viel weinen
ich nehme dich mit die dunklen Bäume verstellen
                              das Licht
komm ich führe dich ich geleite dich ich nehme dich mit
fürchte dich nicht ich werde bei dir sein
komm ich nehme dich mit (Fra Angelico Botticelli
          Primavera der Föhrenwald in der Hand)


mit dir überall hin
ich fürchte mich nicht
mit dir überall hin überall hin

Wird welken wie Gras
auch meine Hand und die Pupille
wird welken wie Gras · mein Fusz mein Haar mein
stillstes Wort
wird welken wie Gras · dein Mund dein Mund
wird welken wie Gras · dein Schauen in mich
wird welken wie Gras · meine Wange meine Wange
und die kleine Blume
die du dort weiszt wird welken wie Gras
wird welken wie Gras · dein Mund dein purpurfarbener
Mund
wird welken wie Gras · aber die Nacht aber der Nebel
aber die Fülle
wird welken wie Gras wird welken wie Gras

laß ein den Segen : die Tränen am Fensterglas
die leise aufklatschenden Tropfen auf Messer und Blech
Geschirr und Gehörntes, gnadenweise, und gnadenweis
Tag. Endlich ertrunken ERSOFFEN die Sonne
                                        im gloriosen
Meer des herabfallenden Himmels, in den Strömen
                                        der geöffneten
Wolken … *hinaus sollte ich ohne Kleid ohne Schuh*
mich durchtränken lassen von diesem WEIHWASSER
welches klopfend und zärtlich tastend anstatt
Geliebtem : Gestorbenem mir erscheint, aus-
gesetzt bin ich verschüttet, morsches Gebälk mein Leib –
*Zipf und Zipfel von Abseits*:
*du sichtbar nicht mehr nicht wieder*

                                        3./4. 10. 2000

# Inge Müller

1925-1966

## NACHT

So leg ich mich zu dir die Erde am Ohr
Da kommt der Mond vor
Und legt dir zwei Fingerbreit Silber aufs Haar
Bleiben uns zwei fünf vierzig Jahr
Und der Mond und die Erde?
Über uns Mond
Unter uns Stein
Zu Sand gemahlen Berge und Bein
Formeln im Völkergrab
Daß ich dich liebhab
Wird es zu lesen sein
In Blätter gestanzt
Ins Meer gepflanzt
In den Wind geschrieben
Wenn alle lieben.

## Elisabeth Borchers

*1926

### LIEBESGEDICHTE

Ich hör dich Schritt für Schritt
seitdem du fortgegangen bist.
Ich seh dich Wort für Wort
seitdem du schweigst.

Der Tag- und Nachtschein
sucht die Wege ab.
Er findet dich nicht
und will uns nicht erleuchten.

Das Brot wird trocken.
Keiner ißt's.
Das Wasser schwebt davon
als Wolke.

Das Dach zerblättert
und die Tür fällt ein.
Das Jahr zählt zweifach.
Dreifach muß es sein.

## Ingeborg Bachmann

1926-1973

### RÖMISCHES NACHTBILD

Wenn das Schaukelbrett die sieben Hügel
nach oben entführt, gleitet es auch,
von uns beschwert und umschlungen,
ins finstere Wasser,

taucht in den Flußschlamm, bis in unsrem Schoß
die Fische sich sammeln.
Ist die Reihe an uns,
stoßen wir ab.

Es sinken die Hügel,
wir steigen und teilen
jeden Fisch mit der Nacht.

Keiner springt ab.
So gewiß ist's, daß nur die Liebe
und einer den andern erhöht.

Unterrichtet in der Liebe
durch zehntausend Bücher,
belehrt durch die Weitergabe
wenig veränderbarer Gesten
und törichter Schwüre –

eingeweiht in die Liebe
aber erst hier –
als die Lava herabfuhr
und ihr Hauch uns traf
am Fuß des Berges,
als zuletzt der erschöpfte Krater
den Schlüssel preisgab
für diese verschlossenen Körper –

Wir traten ein in verwunschene Räume
und leuchteten das Dunkel aus
mit den Fingerspitzen.

*Vivere ardendo e non sentire il male*
Gaspara Stampa

Wie lange noch. Nicht mehr lange.
Warum so lange schon. Ich weiß es nicht.
Wird das nie enden. Nicht fragen.
Es wird nie enden. Wozu fragen.

Ich spreche immer mit dir,
aber nicht mehr freundlich,
ich habe zuviele Fragen.
Auch über deinen Verbleib.
Aber wo warst du in den gemeinsamen Jahren.
Mit wem hast du gesprochen,
wen gewürgt, wen beansprucht,
wen angeschrien.

Ich habe mich ganz zur Verfügung gestellt,
mich oft gefürchtet, aber meine Furcht mit
der Liebe ausgetrieben, ich habe mich
nicht einmal vor Deinen Händen gefürchtet
nur manchmal, und zu spät.

Reigen – die Liebe hält manchmal
im Löschen der Augen ein,
und wir sehen in ihre eignen
erloschenen Augen hinein.

Kalter Rauch aus dem Krater
haucht unsre Wimpern an;
es hielt die schreckliche Leere
nur einmal den Atem an.

Wir haben die toten Augen
gesehn und vergessen nie.
Die Liebe währt am längsten
und sie erkennt uns nie.

# Anne Sexton

1928-1974

## WIR

Ich war in schwarzen Pelz
und weißen Pelz gehüllt und
du zogst mich aus und dann
stelltest du mich in Goldlicht
und dann kröntest du mich,
während Schnee vor der Tür in
diagonalen Pfeilen fiel.
Während zwanzig Zentimeter Schnee
herunterkamen wie Sterne
in kleinen Kalkstücken,
waren wir in unseren Körpern
(diesem Raum, der uns begraben wird)
und du warst in meinem Körper
(diesem Raum, der uns überdauern wird)
und zuerst rieb ich deine
Füße mit einem Handtuch trocken,
denn ich war deine Sklavin
und dann nanntest du mich Prinzessin.
Prinzessin!

Oh, dann
stand ich auf in meiner Goldhaut
und ich warf die Psalmen nieder
und ich warf die Kleider nieder

und du nahmst das Zaumzeug ab
und du nahmst die Zügel ab
und ich tat die Knöpfe ab,
die Knochen, die Verwirrungen,
die Neuengland-Postkarten,
die Nacht, zehn Uhr im Januar,
und wir gingen auf wie Weizen.
Hektar um Hektar von Gold,
und wir ernteten,
wir ernteten.

## FÜR MEINEN LIEBHABER,
### DER ZU SEINER FRAU ZURÜCKKEHRT

Sie ist ganz da.
Sie wurde sorgfältig eingeschmolzen für dich
und nach deiner Kindheit neu gegossen,
nach deinen hundert Lieblingsstudentinnen.

Sie ist immer dagewesen, mein Liebling.
Sie ist im Grunde vollkommen.
Ein Feuerwerk im faden Mittfebruar
und so real wie ein gußeiserner Topf.

Seien wir ehrlich, ich war nicht von Dauer.
Ein Luxus. Eine hellrote Schaluppe im Hafen.
Mein Haar stieg wie Rauch aus dem Autofenster.
Junge Venusmuscheln, nicht billig zu haben.

Sie ist mehr als das. Ist, was du haben mußt,
hat dich zu deiner praktischen, deiner tropischen Größe
                                    anwachsen lassen.
Dies ist kein Experiment. Sie ist ganz Harmonie.
Kümmert sich um Ruder und Dollen für das Dingi,

hat Feldblumen zum Frühstück ins Fenster gestellt,
mittags an der Töpferscheibe gesessen,
drei Kinder in die Welt gesetzt unter dem Mond,
drei Cherubim, gezeichnet von Michelangelo,

dies getan mit ausgestreckten Beinen
in den schrecklichen Monaten in der Kapelle.
Wenn du hinaufschaust, schweben die Kinder
wie zarte Ballons dort an der Decke.

Sie hat jedes auch nach dem Abendbrot
durch den Flur getragen, die Köpfe vertraulich gesenkt,
zwei strampelnde Beine, Körper an Körper,
das Gesicht rot von einem Lied und ihrem kleinen Schlaf.

Ich gebe dir dein Herz zurück
Ich gebe dir die Erlaubnis –

für die Entladung in ihr, zornig
pochend im Schmutz, für das Miststück in ihr
und das Begraben ihrer Wunde –
für das Begraben ihrer lebendigen kleinen roten Wunde –

für das fahl flackernde Glimmen unter ihren Rippen,
für den betrunkenen Seemann, der in ihrem linken Puls
                                                    bereitsteht,
für Mutters Knie, für die Strümpfe,
für den Strumpfhaltergürtel, für den Ruf –

den sonderbaren Ruf
wenn du dich eingräbst in Arme und Brüste
und an dem orangefarbenen Band in ihrem Haar ziehst
und dem Ruf antwortest, dem sonderbaren Ruf.

Sie ist so nackt und einzigartig.
Sie ist die Summe aus dir und deinem Traum.
Besteige sie wie ein Monument, Stufe um Stufe.
Sie ist kompakt.

Was mich betrifft, ich bin ein Aquarell.
Abwaschbar.

# Małgorzata Hillar

*1930

GEBET

Mutter Gottes mit der Papierkrone
Bewohnerin der kalten Kirche
Königin der silbernen Stille
Schutzheilige unserer Küsse
Du Flucht vor neugierigen Blicken
Du Gönnerin der Worte weich wie Narzisse
Du Zeugin des allerschönsten Schwures

Täglich komme ich zu dir
obwohl ich weiß
du wirst die Sehnsucht nicht lindern
du wirst die Trennung nicht mindern

Was weißt du von Liebe
blau und gipsern
die du sogar deinen Sohn
unwirklich empfangen

# Sylvia Plath

1932-1963

## DU BIST

Hanswursthaft, am glücklichsten auf deinen Händen,
Füße sternwärts, Schädel wie ein Mond,
Mit Fischkiemen und einem vernünftigen Daumen
          nach unten
Gegen die Lebensweise der ausgestorbenen Dronten.
In dich selbst verwickelt wie eine Spule,
Dein Dunkel nachschleppend gleich einer Eule.
Stumm wie eine Rübe vom vierten Juli
Bis zum ersten April, mein aufgehendes
Kleines Brot.

Verschwommen wie Nebel und erwartet wie Post.
Weiter entfernt als Australien.
Krummrückiger Atlas, unsre bereiste Krabbe.
Wohlig wie eine Knospe und zuhause
Wie eine Sprotte in einem Einmachglas.
Ein Fischkorb voll Aale, ganz kribblig.
Sprunghaft wie eine mexikanische Bohne.
Richtig wie eine gelöste Rechenaufgabe.
Eine blanke Schiefertafel, darauf deine eigenen Züge.

Rein? Was bedeutet das?
Die Zungen der Hölle
Sind stumpf, stumpf wie die dreifache

Zunge des stumpfen, fetten Zerberus
Der keucht am Tor. Nicht fähig
Reinzulecken die Wunde,

Die fiebrige Sehne, die Sünde, die Sünde.
Der Zunder schreit.
Der unauslöschbare Geruch

Einer ausgeschneuzten Kerze!
Lieber, Lieber! die schweren Rauchschwaden rollen
Fort von mir wie Isadoras Schal; ich hab Angst:

Ein Ende wird sich verfangen und ankern im Rad.
So gelbe trübe Schwaden
Machen ihr eigenes Element. Sie steigen nicht auf

Sondern trudeln rund um den Erdball
Und ersticken die Alten und Schwächlichen,
Das gebrechliche

Treibhausbaby in seiner Krippe:
Die gräßliche Orchidee
Hängt ihren hängenden Garten in die Luft,

Teuflischer Leopard!
Die Strahlung hat es weiß
Gemacht und umgebracht in einer Stunde.

Sie fettet die Leiber der Ehebrecher ein.
Wie Hiroshima-Asche und frißt sich in Haut und Rinde.
Die Sünde. Die Sünde.

Liebster, die ganze Nacht
Hab ich geflackert, aus, an, aus, an.
Schwer wird das Bettuch wie ein Lüstlingskuß.

Drei Tage. Drei Nächte.
Zitronenwasser, Hühner-
wasser, Wasser macht mich erbrechen.

Ich bin zu rein für dich oder irgendwen.
Dein Körper
Schmerzt mich wie die Welt Gott. Ich bin eine Laterne –

Mein Kopf ein Mond
Aus Japanpapier, meine geschlagene Goldhaut
Unendlich zart und unendlich teuer.

Erstaunt dich meine Hitze nicht. Mein Licht?
Ich bin allein und bin eine große Kamelie
Und glühe und komme und gehe, Flut um Flut.

Ich glaub, ich gehe hoch,
Ich glaub, ich könnte steigen –
Die Perlen aus heißem Metall

Fliegen, und ich, Liebster, ich
Bin eine reine Acetylen-
jungfrau, umkränzt von Rosen,

Von Küssen, von Cherubim,
Von was immer diese rosa Dinger bedeuten,
Nicht dir noch ihm,

Nicht ihm noch ihm
(Meine Selbste lösen sich auf, alte Hurenunterröcke) –
Ins Paradies.

## Sarah Kirsch

\* 1935


### BEI DEN WEISSEN
### STIEFMÜTTERCHEN


Bei den weißen Stiefmütterchen
Im Park wie ers mir auftrug
Stehe ich unter der Weide
Ungekämmte Alte blattlos
Siehst du sagt sie er kommt nicht

Ach sage ich er hat sich den Fuß gebrochen
Eine Gräte verschluckt, eine Straße
Wurde plötzlich verlegt oder
Er kann seiner Frau nicht entkommen
Viele Dinge hindern uns Menschen

Die Weide wiegt sich und knarrt
Kann auch sein er ist schon tot
Sah blaß aus als er dich untern Mantel küßte
Kann sein Weide kann sein
So wollen wir hoffen er liebt mich nicht mehr

Eu Regen Schnee Gewitter Hagelschlangen
Steigt aus des Meeres bodenloser Brut
Und haltet euch in Lüften eng umfangen
Bis er auf meinem roten Sofa ruht.

Wenn er den Stab hebt, dürft ihr draußen toben
Je mehr je lieber, schließet mir das Haus
Und schlagt und dreht euch, ändert Unten, Oben
Der Hof sieht wie ein Jahrmarkt aus

Dieweil wir uns in unsrer Lieb erproben.

## ZU ZWEIT

Lieber zu Zweit verhungern als Einzeln
In goldenen Wagen spazieren fahren:
Gefahren Gefahren überall für unsere
Treuen unbescholtenen Seelen
Mein Freund bis hierher und nicht weiter
Einer
Sey
Des andern Stab
Und unüberhörbare Stimme
Schlag mir auf mein Sitzfleisch wirf mich
Auf ein Fahrrad und jag mich nach Zeuthen

Wohne seit langem am Boden
Der Flüsse. Die Schwäne
Rudern über das Blau. Siehst du
Ihn noch? fragt mich die
Ralle. Ja überall.

## Ewa Białous

*1939

### MAILIED

ach lieben müßten wir uns jetzt lieben am fluß
daneben die messer der blühenden gräser
wie in den himmel gerammte kiefern
aufatmen tief
mit halbgeschlossenen augen
das schilf betrachten im schweigen
der sommerliebe
die wie ein raubvogel kreist in jedem von uns
und stürzt mit breit geöffneten flügeln
nach unten

## Karin Kiwus
*1942

### IM ERSTEN LICHT

Wenn wir uns gedankenlos getrunken haben
  aus einem langen Sommerabend
    in eine kurze heiße Nacht
wenn die Vögel dann früh
  davonjagen aus gedämpften Färbungen
in den hellen tönenden frischgespannten Himmel

wenn ich dann über mir in den Lüften
weit und feierlich mich dehne
in den mächtigen Armen meiner Toccata

wenn du dann neben mir im Bett
deinen ausladenden Klangkörper bewegst
dich dumpf aufrichtest und zur Tür gehst

und wenn ich dann im ersten Licht
  deinen fetten Arsch sehe
    deinen Arsch
                  verstehst du
  deinen trüben verstimmten ausgeleierten Arsch
dann weiß ich wieder
  daß ich dich nicht liebe
                  wirklich
  daß ich dich einfach nicht liebe

# Ulla Hahn

*1946

## ANSTÄNDIGES SONETT

> Schreib doch mal
> ein anständiges Sonett
> St. H.

Komm beiß dich fest ich halte nichts
vom Nippen. Dreimal am Anfang küß
mich wo's gut tut. Miß
mich von Mund zu Mund. Mal angesichts

der Augen mir Ringe um
und laß mich springen unter
der Hand in deine. Zeig mir wie's drunter
geht und drüber. Ich schreie ich bin stumm.

Bleib bei mir. Warte. Ich komm wieder
zu mir zu dir dann auch
»ganz wie ein Kehrreim schöner alter Lieder«.

Verreib die Sonnenkringel auf dem Bauch
mir ein und allemal. Die Lider
halt mir offen. Die Lippen auch.

## GIBT ES EINE
## WEIBLICHE ÄSTHETIK

Ich sehe deine Augen
mit den hängenden
Lidern am Kinn
Fettfalten die Stirn
gefurcht deine
dünnen spitzen
Ohren überm fahlen
Haar die
kahle Stelle
am Hinterkopf ich
denke du bist
von allen Männern
der schönste.

# Ursula Krechel

* 1947

## TUSCHZEICHEN

Als wir nach Bedeutungen zu suchen begannen
plötzlich im Sommer, als wir alles schon wußten

was wir nie wissen wollten im Winter
als wir noch auf beiden Beinen lebten

als wir nach Bedeutungen zu suchen begannen
fielen uns die Bedeutungen in den Schoß

alles bedeutete plötzlich etwas, plötzlich fiel
die Teetasse aus meiner Hand, du stolpertest

über deine Füße, über die Furcht vor Hunden
Bekannte redeten in fremden Sprachen

ich fand dich, wo ich dich nicht suchte oder doch
alles bedeutete etwas, ergab aber keinen Sinn

kein Winken war ein Zeichen, wir erfanden
Tage ohne Bedeutung, die sich später erklärten

du kämpftest gegen deine Kurzsichtigkeit, ich las
Verlaines Saturnische Gedichte, Licht wies nach Norden

aber noch ganz ungewiß, zitterte, du wolltest
weggehen und bleiben zugleich, ich wollte rufen

du könntest dich zu Tode stürzen im Freiraum
ich wollte lernen und lehren zugleich, du lehrtest mich

chinesische Tuschzeichen für Gefühle, als ich nur
Leuchtbuchstaben begriff, da schifften wir uns ein

gepäcklos, geimpft gegen nichts, übten
ein abkömmliches Winken ohne Wimpernzucken

lernten, ferneren Bedeutungen begierdeloser zu trauen
suchten, ja nun gemeinsam, Spuren gemeinsamer Inseln.

## NACHTRAG

In den alten Büchern
sind die Liebenden vor Liebe
oft wahnsinnig geworden.
Ihr Haar wurde grau
ihr Kopf leer
ihre Haut fahl
vor Liebe, lese ich.

Aber nie ist jemand
wahnsinnig geworden
aus Mangel an Liebe
die er nicht empfand.
Auch das steht
in den alten Büchern.

So hätte denn der Mangel
einmal sein Gutes.

## Friederike Roth
*1948

WIR BEIDE

Draußen bei den stillen, den schönen
Lippenblütlern, ach dieses Wort
(weißt du noch die alte Mühle?)
hab ich von dir, Lippenblütler
sagen gelernt. Du hast

was weiß ich
erzählt von blassen von ins Traurigzart
getauchten Farben.

Ich hab nicht zugehört.
Bloß deine Lippen mir
die weichen angesehen
so dünnhäutig damals so zart
ach, wie denn
verschwindet warum
so eine Lippenkleinigkeit?

Geh nicht fort.
Ich find dir den Ort.

Geschichten hast du erzählt
von Wolken vom herabgefallenen Mond

vom alleinigen Wind
und von der Kraft der Wörter der Töne der Farben.

Dann waren
wie denn verschwinden warum
eingezogen die Lippen ein Schnitt.

Hier steh ich. Hier
neben dir
erloschenem Bündel aus Narben.

Beide lachen wir
lange schon nicht mehr über die Kraft
der Farben.

# Gioconda Belli

*1948

## ERFINDEN WIR UNSERE
## EIGENE SPRACHE

Geliebter,
und uns werden die Augen groß:
Dinge sehen wir dann, die niemand sah.
Wege zwischen den Wolken,
Lieder in den Weizenfeldern.
Unter die Röcke sehen wir dann dem Wind,
wie seine Lippen das Wasser küssen.
Wir gehen dann ungezwungen,
ohne Schuhe und nackt,
wie unsichtbare Geister.
Worte und Lachen malen wir dann
auf die Mauern in der Welt,
während aus unseren Körpern die Liebe strömt,
sprudelnd,
       gluckernd,
             plätschernd wie aus Brunnen.

# Ana Rossetti

*1950

## EINE GEWISSE
## FEMINISTISCHE SEKTE GIBT SICH
## VOREHELICHE RATSCHLÄGE

> »… Erbarmungslos bearbeitet von
> einem Automaten, der glaubt, die Erfül-
> lung einer grausamen Pflicht sei eine
> Ehrensache.«
>
> Andrea de Nerciat

Und küssen wir uns, schöne Jungfrauen, küssen wir uns.
Beeilen wir uns, plündern wir,
zerstören wir die Beute unserer Körper.
Den Feind spüre ich hinter der Mauer atmen,
die Begierde schwillt zwischen seinen Beinen.

Und küssen wir uns, schöne Jungfrauen, küssen wir uns.
Gebt nicht verschwenderisch dem Schwert,
o männliches Glück, das unverletzte Hymen.
Möge die Spalte durch den weißen Pfahl
unserer Hände ihre Enge verlieren.

Und küssen wir uns, schöne Jungfrauen, küssen wir uns.
Schon haben sie die Laken ausgebreitet,
und der aufsaugende Plüsch liegt bereit,
damit die Florette uns niederwerfen
und die Beine in Klatschmohn tränken.

Und küssen wir uns, schöne Jungfrauen, küssen wir uns.
Bevor der Sieger die Zitadelle
entweiht und ihre Scham entschleiert,
um die Schätze aus dem Tempel zu rauben,
ist es immer besser, sie den Flammen zu übergeben.

Und küssen wir uns, schöne Jungfrauen, küssen wir uns.
Einzigartiger Raub: fieberhaft
entreißen wir zu unseren Gunsten
die eigene Mitgift. Möge der stolze Sieger
das männliche Privileg nicht erhalten.

Und küssen wir uns, schöne Jungfrauen, küssen wir uns.
Mit der geheimen Quelle befeuchtet
im Likör der Venus
laßt uns
naß vor Lust dem Priapos zuvorkommen.
Und berauschen wir uns am Durst unserer Körper.

Und küssen wir uns, schöne Jungfrauen, küssen wir uns.
Zerreißen wir die Orangenblüte, genießen wir uns,
                                        genießen wir
den Preis, den unsere Schenkel bewahrten,
Der Phallus, bereit uns zu durchbohren,
wird ein Bordell finden, wo er Tugend glaubte.

ZUR WIDMUNG

Du dauerst mich
An Bord mit dem ausufernden Mondlicht
Unterwegs im dichten Regen
Zuckst du die Schultern, faltest die Hände
Als fröstelte dir
Du sagst nicht, was du denkst
Du hast auch keine acht
Auf die Schritte an deiner Seite
So langsam gesetzt
Wenn du Feuer wärst
Wollte ich Holzkohle sein
Dir zum Trost
Fehlte mir nicht der Mut

Ich erhebe dir zum Preis die Hände
Es ist für das Blitzen des Mitternachtslichts in
                                    deinem Fenster
Es ist für die Beugung des Körpers vor dem
                                    Bücherschrank
Wenn du deine Offenbarungen kundtust
Sind es die Frühlingsfluten, die erneut über deine
Flußufer treten
Nein, du fragst nicht

Was ich unter deinem Fenster denke
Jeden Abend
Wenn du ein Baum wärest
Wollte ich die Erde sein
Dir zur Mahnung
Fehlte mir nicht der Mut

## Patrizia Imperiali

*1953

Ich führe die Haut
ich schäle dich
Artischockenherzen zart und behaart
zum Anbeißen weiß
zum Beschnuppern
Hase auf Schneehängen
ich werde dich aus dem Bau locken
mit Erdbeeren in der Hand.

Ach Täufer, einmal wirst auch du den Kopf verlieren;
Manchmal schon halt ich ihn in meinen Händen
Wie abgetrennt vom Leib, der bei mir ist für eine Zeit.

Der bei mir ist schon eine Zeit: wo ist dein Kopf,
Den ich in meinen Händen halte – manchmal
Sind sie wie abgetrennt vom Leib, der sich an
                                        dich verliert.

Den Leib, der sich an dich verliert, ich will ihn halten
In meinen Händen, und nicht abgetrennt von mir –

Einmal, ach Täufer, werde ich den Kopf verlieren

## Lavinia Greenlaw

*1962

### UNSER LEBEN ALS FREUNDE

Dies ist die Welt, in der wir nicht
geheiratet haben. Das goldverzierte Papier,
das das Gegenteil beweisen würde, ist im Reich
der Möglichkeiten steckengeblieben wie der Stuhl des
                                    Aristoteles im Baum.
Der Tag ist seine eigene Maschine. Sie vertreibt
die Zeit. In den seltsamen, entscheidenden Augenblicken
werden wir aneinander vorbeigezerrt,
stumm, lächelnd, in Bewegung,
hingerissen … unsere Familien gähnen
und verschlingen uns mit der ganzen Liebe
trauriger, aber hungriger Riesen. Bei Nacht
rücken wir eng zusammen. Unsere Häuser passen
                                    sich an,
wellen und neigen sich nur um Zentimeter.
Ein Kippschalter setzt den Boiler in Gang,
hält abgestandenes Wasser gleichmäßig am Köcheln,
der Kühlschrank wirft sich an, wenn er
runterkühlt. Deine Schuld schläft.
Du hast mir nicht die Augen geöffnet.
Was wächst? Die gestutzte Esche
füllt mein Fenster, sobald sie's schafft.
Nach jedem Zurückschneiden senken die Wurzeln
                                    sich tiefer.

Jede Szene unseres Lebens ist vertraut,
die Einzelheiten vereinfacht, als würde ein schlechter
Gemäldefirnis die Aussicht trüben.
Es gibt keine Atmosphäre. Nichts schwebt
in der Luft. Aufschneidereien, schlechte Ideen
werden von Satelliten auf die Erde zurückgeworfen.
Dies ist die Welt, sie ist nicht zu erschüttern.
Der Himmel ist eine Kuppel und wir sind nicht
jenseits von ihr, wir rutschen ab, die Köpfe immer noch
                                        gewendet,
das ganze Glas ist voll von unseren Fingerabdrücken.

# Silke Scheuermann

*1973

## REQUIEM FÜR EINEN GERADE
## ERST EROBERTEN PLANETEN MIT
## INTENSIVER STRAHLUNG

Aber was kommt wenn wir uns alle Geschichten erzählt
haben zehntausend heiße Geschichten

das Lexikon unserer Luftschlösser durchbuchstabiert
ist und wir unseren Stern durchgesessen haben wie
                                        das Sofa

auf dem wir uns sehr genau kennenlernten
wenn wir dann stumm am Fenster sitzen und rauchen

Nächte von fast vollkommener Stille
in denen nur deine letzten Sätze nachhallen

Sie sprachen davon daß wir
beide eigentlich Himmelskörper sind

die eine so große Anziehungskraft haben
daß sie nicht einmal ihr eigenes Licht fortlassen

also nicht leuchten sondern schwarz sind
an ihrer Zunge verbrannte Erzähler

# Quellenverzeichnis

*Anomym* (ca. 12. Jahrhundert)
Du bist mein, ich bin dein, S. 15; Der Wald schmückt sich reich, S. 16;
Wäre die ganze Welt mein, S. 16 · Aus: Deutsche Lyrik des Frühen und
Hohen Mittelalters. Herausgegeben von Ingrid Kasten. Übersetzungen
von Margherita Kuhn. Deutscher Klassiker Verlag Frankfurt am Main
1995.

*Anna Achmatowa* (1889-1966)
Liebe, S. 81; Man hat mir heute keinen Brief gebracht, S. 82; Wir wer-
den nicht von einem Glase trinken, S. 83; Abschiedslied, S. 84 · Aus:
Anna Achmatowa, Ich lebe aus dem Mond, du aus der Sonne. Hundert
Gedichte über die Liebe · Aus dem Russischen von Alexander Nitzberg.
Herausgegeben von Olaf Irlenkäuser. © Suhrkamp Verlag Frankfurt
am Main 2000.

*Olga Anstej* (1912-1985)
Hab mich so ziemlich, S. 115 · Aus: Und nun ist das Wort aus Stein
gefallen. Russische Lyrikerinnen des 20. Jahrhunderts · Ausgewählt,
übertragen und herausgegeben von Kay Borowsky. Fischer Taschen-
buch Verlag GmbH, Frankfurt am Main 1993.

*Rose Ausländer* (1901-1988)
Wort an Wort, S. 103 · Aus: Rose Ausländer, Gesammelte Werke in
sieben Bänden. Herausgegeben von Helmut Braun. Gedichte und Prosa
1976. © S. Fischer Verlag GmbH, Frankfurt am Main 1984.

*Ingeborg Bachmann* (1926-1973)
Römisches Nachtbild, S. 128; Unterrichtet in der Liebe (Lieder auf der
Flucht VI), S. 129; Reigen, S. 131 · Aus: Ingeborg Bachmann, Werke.
Band 1. © Piper Verlag GmbH, München 1978; Wie lange noch. Nicht
mehr lange, S. 130 · Aus: Ingeborg Bachmann, Ich weiß keine bessere
Welt. Unveröffentlichte Gedichte. © Piper Verlag GmbH, München
2000.

*Elizabeth Barrett-Browning* (1806-1861)
Geliebter, mein Geliebter, wenn ich denk, S. 56; Vor Jahren aber war
mein Umgang sehr, S. 57; Verzeih, verzeih, daß meine Seele sich, S. 58 ·
Aus: Elizabeth Barrett-Browning, Sonette aus dem Portugiesischen.

Übertragen von Rainer Maria Rilke. Englisch und Deutsch. Mit einem Nachwort von Elisabeth Kiderlen. © Insel Verlag Frankfurt am Main 1991.

*Gioconda Belli* (* 1948)
Erfinden wir unsere eigene Sprache, S. 155 · Aus: Wenn du mich lieben willst. Gesammelte Gedichte · Aus dem nicaraguanischen Spanisch von Dieter Masuhr u. a. © Peter Hammer Verlag Wuppertal, 1993.

*Ewa Białous* (* 1939)
Mailied, S. 146 · Aus: Polnische Liebesgedichte · Ausgewählt und übertragen von Karl Dedecius. © Insel Verlag Frankfurt am Main 1980.

*Elisabeth Borchers* (* 1926)
Liebesgedichte, S. 127 · Aus: Elisabeth Borchers, Von der Grammatik des heutigen Tages. Gedichte. © Suhrkamp Verlag Frankfurt am Main 1992.

*Anne Bradstreet* (ca. 1612-1672)
Brief an den in öffentlichen Geschäften abwesenden Gatten, S. 25. Übersetzung von Klaus Bartenschlager · Aus: Amerikanische Dichtung. Von den Anfängen bis zur Gegenwart. Herausgegeben von Eva Hesse und Heinz Ickstadt. Verlag C. H. Beck München 2000. Abdruck mit freundlicher Genehmigung von Gabriele Bartenschlager.

*Emily Brontë* (1818-1848)
Kalt in der Erde – der Schnee hoch gehäuft darüber, S. 60 · Aus: Ums Haus der Sturm. Gedichte. Englisch und Deutsch · Ausgewählt, übertragen und mit einem Nachwort versehen von Wolfgang Held. © Insel Verlag Frankfurt am Main und Leipzig 1998.

*Sophie Christiane Friederike Brun* (1765-1835)
Ich denke dein, S. 31 · Aus: Deutsche Dichtung im 18. Jahrhundert. Herausgegeben von Adalbert Elschenbroich. Carl Hanser Verlag, München 1960.

*Erika Burkart* (* 1922)
Ehe, S. 118 · Aus: Erika Burkart, Die Zärtlichkeit der Schatten. Gedichte. © 1991 by Ammann Verlag & Co.

*Marceline Desbordes-Valmore* (1786-1859)
Machtlos vor dir, S. 47 · Aus: Marceline Desbordes-Valmore, Die erste Liebe / Le premier amour · Ausgewählte Gedichte · Aus dem Französischen von Karl Schwedhelm. © Rimbaud Verlagsgesellschaft mbH,

Aachen 1997; Blitze. S. 48 · Aus dem Französischen von Kay Borowsky. © für die deutsche Übersetzung: Kay Borowsky.

*Emily Dickinson* (1830-1886)
Seine Stimme wieder – an der Tür, S. 63; Wilde Nächte, S. 65; Gewiß – hab ich gebetet, S. 66; Wir entwachsen der Liebe, wie anderen Dingen, S. 67 · Aus: Emily Dickinson, Dichtungen · Ausgewählt, aus dem Englischen übertragen und mit einem Nachwort versehen von Werner von Koppenfels. © der deutschen Übersetzung 1995 by Dieterich'sche Verlagsbuchhandlung Mainz. 2. Aufl. erweiterte Neuausgabe 2001.

*Hilde Domin* (* 1909)
Wo steht unser Mandelbaum, S. 111; Mein Geschlecht zittert, S. 113; Harte fremde Hände, S. 114 · Aus: Hilde Domin, Gesammelte Gedichte. © S. Fischer Verlag GmbH, Frankfurt am Main 1987.

*Annette von Droste-Hülshoff* (1797-1848)
Spätes Erwachen, S. 49; An Levin Schücking, S. 52; An denselben, S. 53 · Aus: Annette von Droste-Hülshoff, Sämtliche Gedichte. Herausgegeben von Karl Schulte Kemminghausen. Insel Verlag Frankfurt am Main und Leipzig 1998.

*Elisabeth I.* (1533-1603)
Auf die Abreise des Herzogs von Anjou, S. 24. Übersetzung von Werner von Koppenfels · Aus: Englische Dichtung. Von Chaucer bis Milton. Herausgegeben von Friedhelm Kemp und Werner von Koppenfels. Verlag C. H. Beck München 2000. Abdruck mit freundlicher Genehmigung von Werner Koppenfels.

*Claire Goll* (1890-1977)
Heimkehr, S. 85 · Aus: Claire Goll, Die Antirose. © 1967 Limes Verlag. Alle Rechte bei und vorbehalten durch Wallstein Verlag, Göttingen.

*Lavinia Greenlaw* (* 1962)
Unser Leben als Freunde, S. 162 · Aus: Lavinia Greenlaw, Nachtaufnahmen. Gedichte in zwei Sprachen. Englisch/Deutsch. Übertragen von Gerhard Falkner und Nora Matocza. © 1998 für die deutsche Ausgabe: DuMont Buchverlag, Köln.

*Karoline von Günderode* (1780-1806)
Liebe, S. 38; Die Bande der Liebe, S. 39; Überall Liebe, S. 41; Ist alles stumm und leer, S. 42 · Aus: Karoline von Günderode, Gedichte. Her-

ausgegeben von Franz Josef Görtz. Insel Verlag Frankfurt am Main
1985.

*Jelena Guro* (1877-1913)
Abseits führte die Straße, S. 76 · Aus: Und nun ist das Wort aus Stein
gefallen. Russische Lyrikerinnen des 20. Jahrhunderts · Ausgewählt,
übertragen und herausgegeben von Kay Borowsky. Fischer Taschen-
buch Verlag GmbH, Frankfurt am Main 1993.

*Elise Hahn* (1769-1833)
An den Dichter Bürger, S. 32 · Aus: Gottfried August Bürger, Sämtliche
Werke. Herausgegeben von Günter und Hiltrud Häntzschel. Carl Han-
ser Verlag, München 1987.

*Ulla Hahn* (* 1946)
Anständiges Sonett, S. 148; Gibt es eine weibliche Ästhetik, S. 149 ·
Aus: Herz über Kopf. Gedichte © Deutsche Verlags-Anstalt, Stuttgart
1981.

*Henriette Hardenberg* (1894-1993)
Liebe, S. 96 · Aus: Henriette Hardenberg, Dichtungen. Herausgegeben
von Hartmut Vollmer und Paul Raabe. © 1988 by Arche Verlag, Raabe
+ Vitali, Zürich.

*Małgorzata Hillar* (* 1930)
Gebet, S. 137 · Aus: Lyrisches Quintett. Fünf Themen der polnischen
Dichtung. Herausgegeben und aus dem Polnischen übertragen von
Karl Dedecius. © Suhrkamp Verlag Frankfurt am Main 1992.

*Sinaida Hippius* (1869-1945)
Grenze, S. 70 · Aus: Und nun ist das Wort aus Stein gefallen. Russische
Lyrikerinnen des 20. Jahrhunderts · Ausgewählt, übertragen und her-
ausgegeben von Kay Borowsky. Fischer Taschenbuch Verlag GmbH,
Frankfurt am Main 1993.

*Ricarda Huch* (1864-1947)
Uralter Worte kundig, S. 68 · Aus: Ricarda Huch, Werke. Band 5. Her-
ausgegeben von Wilhelm Emrich. Verlag Kiepenheuer & Witsch, Köln
1991. Sieh mich, das Meer, das dir zu Füßen brandet, S. 69 · Aus: Ri-
carda Huch, Gesammelte Werke. Herausgegeben von Wilhelm Emrich.
Band 5: Gedichte, Dramen, Reden, Aufsätze und andere Schriften. Ver-
lag Kiepenheuer & Witsch, Köln 1971.

*Patrizia Imperiali* (* 1953)
Ich führe die Haut, S. 160 · Aus: Ich habe dich an diesen wilden Ort
geführt. Erotische Gedichte aus Italien. Herausgegeben und aus dem
Italienischen übersetzt von Gino Chiellino. © P. Kirchheim Verlag,
München 1987.

*Mascha Kaléko* (1907-1975)
Großstadtliebe, S. 108; Unabgesandter Überseebrief, S. 110 · Aus: Das
lyrische Stenogrammheft. Copyright © 1956 by Rowohlt Verlag
GmbH, Hamburg.

*Anna Louisa Karsch* (1722-1791)
An den Domherrn von Rochow, S. 29 · Aus: 1400 Deutsche Gedichte
und ihre Interpretationen. Herausgegeben von Marcel Reich-Ranicki.
Zwölf Bände in Kassette. Band I: Von Walther von der Vogelweide bis
Matthias Claudius. Insel Verlag Frankfurt am Main und Leipzig 2002.

*Marie Luise Kaschnitz* (1901-1974)
Am Rhein bei Breisach, S. 104; Dein Schweigen, S. 106; Du sollst nicht,
S. 107 · Aus: Marie Luise Kaschnitz, Gesammelte Werke. Herausgege-
ben von Christian Büttrich und Norbert Miller. Fünfter Band: Die
Gedichte. Insel Verlag Frankfurt am Main 1985. © Iris Schnebel-Ka-
schnitz.

*Sarah Kirsch* (* 1935)
Bei den weißen Stiefmütterchen, S. 142; Ruf- und Fluchformel, S. 143;
Zu Zweit, S. 144; Bodenlos, S. 145 · Aus: Sarah Kirsch, Werke in fünf
Bänden. Herausgegeben von Franz-Heinrich Hackel. © Deutsche Ver-
lags-Anstalt, Stuttgart 1999.

*Karin Kiwus* (* 1942)
Im ersten Licht, S. 147 · Aus: Von beiden Seiten der Gegenwart. Ge-
dichte. © Suhrkamp Verlag Frankfurt am Main 1976.

*Barbara Köhler* (* 1959)
Ach Täufer, einmal wirst auch du den Kopf verlieren, S. 161 · Aus:
Deutsches Roulette. Gedichte. 1984-1989. © Suhrkamp Verlag Frank-
furt am Main 1991.

*Gertrud Kolmar* (1894-1943)
Die Verlassene, S. 98; Gespräch, S. 100 · Aus: Gertrud Kolmar, Das
lyrische Werk. Kösel-Verlag München 1960. © Suhrkamp Verlag
Frankfurt am Main.

*Ursula Krechel* (* 1947)
Tuschzeichen, S. 150; Nachtrag, S. 152 · Aus: Ungezürnt. Gedichte,
Lieder, Lesezeichen. © Suhrkamp Verlag Frankfurt am Main 1997.

*Louïze Labé* (um 1525-1566)
Das achte Sonett, S. 21; Das dreizehnte Sonett, S. 22; Das achtzehnte
Sonett, S. 23 · Aus: Rainer Maria Rilke. Die Liebenden. Die Liebe der
Magdalena. Portugiesische Briefe. Die Briefe der Marianna Alcofo-
rado. Die vierundzwanzig Sonette der Louïze Labé. Insel Verlag Frank-
furt am Main 1979.

*Else Lasker-Schüler* (1869-1945)
Wenn du kommst, S. 71; Giselheer dem Tiger, S. 72; Hinter Bäumen
berg' ich mich, S. 73 · Aus: Else Lasker-Schüler, Werke und Briefe.
Band 1: Gedichte. Bearbeitet von Karl Jürgen Skrodzki unter Mitarbeit
von Norbert Oellers. © Jüdischer Verlag im Suhrkamp Verlag Frank-
furt am Main 1996.

*Christine Lavant* (1915-1973)
Seit heute, aber für immer, S. 117 · Aus: Christine Lavant, Der Pfauen-
schrei. Gedichte. © Otto Müller Verlag, Salzburg 1962.

*Marguerite de Navarre* (1492-1549)
Zehnzeiler, S. 18 · Aus: Lilie und Lorbeer. Französische Dichtung des
15. bis 18. Jahrhunderts. Übertragung von Max Rieple. Verlagsanstalt
Hermann Klemm, Freiburg im Breisgau (o. J.). Abdruck mit freund-
licher Genehmigung.

*Friederike Mayröcker* (* 1924)
Todes- und Liebeslied, S. 123; Wird welken wie Gras, S. 124 · Aus:
Friederike Mayröcker, Ausgewählte Gedichte 1944-1978. © Suhr-
kamp Verlag Frankfurt am Main 1979. oder Vermont, an Ernst Jandl,
S. 125 · Aus: Friederike Mayröcker, Requiem für Ernst Jandl. © Suhr-
kamp Verlag Frankfurt am Main 2001.

*Mechthild von Magdeburg* (um 1212-1283)
Du bist meinem Begehren ein Liebesfühlen, S. 17 · Aus: Mechthild
von Magdeburg, Das fließende Licht der Gottheit. Herausgegeben
von Gisela Vollmann-Profe. Deutscher Klassiker Verlag Frankfurt am
Main 2003.

*Sophie Mereau* (1770-1806)
In Tränen geh ich nun allein, S. 36 · Aus: Dagmar von Gersdorff, Dich

zu lieben kann ich nicht verlernen. Das Leben der Sophie Brentano-Mereau. © Insel Verlag Frankfurt am Main 1984.

*Inge Müller* (1925-1966)
Nacht, S. 126 · Aus: Inge Müller, Wenn ich schon sterben muß. Gedichte. © Aufbau-Verlag Berlin und Weimar 1985.

*Sophia Parnok* (1885-1933)
Die graue Rose, S. 79 · Aus: Und nun ist das Wort aus Stein gefallen. Russische Lyrikerinnen des 20. Jahrhunderts · Ausgewählt, übertragen und herausgegeben von Kay Borowsky. Fischer Taschenbuch Verlag GmbH, Frankfurt am Main 1993.

*Sylvia Plath* (1932-1963)
Du bist, S. 138; 39,5° Fieber, S. 139 · Aus: Sylvia Plath, Ariel. Gedichte. Englisch und deutsch · Aus dem Englischen von Erich Fried. © Suhrkamp Verlag Frankfurt am Main 1974.

*Catherine Pozzi* (1882-1934)
Vale, S. 77 · Aus: Catherine Pozzi, Die sechs Gedichte. Ins Deutsche übertragen von Friedhelm Kemp. Steidl Verlag, Göttingen 2002. © für die deutsche Übersetzung: Friedhelm Kemp.

*Tahira Qurratul'ain* (1817-1852)
Sollte mein Auge je Dich erschaun, S. 59 · Aus dem Persischen von Annemarie Schimmel · Aus: Annemarie Schimmel, Nimm eine Rose und nenne sie Lieder. Poesie der islamischen Völker. © Insel Verlag Frankfurt am Main 1995.

*Franziska zu Reventlow* (1871-1918)
Treulos bin ich gewesen, S. 75 · Aus: Franziska zu Reventlow, Gesammelte Werke in einem Bande. Herausgegeben und eingeleitet von Else Reventlow. Verlag Albert Langen, München 1925.

*Agnes Mary Robinson* (1885-1955)
Etruskische Gräber, S. 80 · Aus: Leben meinem Lied. Lyrik des 19. Jahrhunderts in vier Sprachen · Ausgewählt und aus dem Englischen übertragen von Hanno Helbling. © Insel Verlag Frankfurt am Main 1982.

*Friederike Roth* (* 1948)
Wir beide, S. 153 · Aus: Friederike Roth, Schattige Gärten. Gedichte. © Suhrkamp Verlag Frankfurt am Main 1987.

*Ana Rossetti* (* 1950)
Eine gewisse feministische Sekte gibt sich voreheliche Ratschläge,

S. 156 · Aus dem Spanischen von Anna Hendrischk · Aus: ZAS. Schnitte durch die spanische Lyrik 1945-1990. Herausgegeben von Teresa Delgado. © P. Kirchheim Verlag, München 1994.

*Christina Rossetti* (1830-1884)
Gedenke mein, bin ich erst fortgegangen, S. 62. Übersetzung von Hans Feist, bearbeitet von Werner von Koppenfels · Aus: Englische Dichtung. Von Dryden bis Tennyson. Herausgegeben von Werner von Koppenfels und Manfred Pfister. Verlag C. H. Beck München 2000. Abdruck mit freundlicher Genehmigung von Werner Koppenfels.

*Alice Rühle-Gerstel* (1894-1943)
Nach der Liebe, S. 97 · Aus: Alice Rühle-Gerstel, Verlassenes Ende. Gedichte. Herausgegeben und mit einer biographischen Skizze von Marta Marková. © 1998 Edition Löwenzahn Verlagsgesellschaft mbH (Skarabäus), Innsbruck.

*Sappho* (612-557 v. Chr.)
Ode an Atthis, S. 13; Ode an Anaktoria, S. 14 · Aus: Sappho. Muse des äolischen Eresos. Neu aus dem Griechischen übertragen und kommentiert von Stefanie Preiswerk zum Stein. © Insel Verlag Frankfurt am Main 1990.

*Nelly Sachs* (1891-1970)
Geschirmt sind die Liebenden, S. 87 · Aus: Fahrt ins Staublose. Die Gedichte der Nelly Sachs. © Suhrkamp Verlag Frankfurt am Main 1961. Linie wie, S. 88 · Aus: Nelly Sachs, Gedichte. Herausgegeben und mit einem Nachwort versehen von Hilde Domin. © Suhrkamp Verlag Frankfurt am Main 1977.

*Silke Scheuermann* (* 1973)
Requiem für einen gerade erst eroberten Planeten mit intensiver Strahlung, S. 164 · Aus: Silke Scheuermann, Der Tag, an dem die Möwen zweistimmig sangen. Gedichte. © Suhrkamp Verlag Frankfurt am Main 2001.

*Sibylla Schwarz* (1621-1638)
Liebe schont der Götter nicht, S. 27. Schreibweise leicht modernisiert · Aus: 1400 Deutsche Gedichte und ihre Interpretationen. Herausgegeben von Marcel Reich-Ranicki. Zwölf Bände in Kassette. Band I: Von Walther von der Vogelweide bis Matthias Claudius. Insel Verlag Frankfurt am Main und Leipzig 2002.

*Anne Sexton* (1928-1974)
Wir, S. 132; Für meinen Liebhaber, der zu seiner Frau zurückkehrt, S. 134 · Aus: Anne Sexton, Liebesgedichte. Love Poems. Zweisprachige Ausgabe. Herausgegeben von Elisabeth Bronfen · Aus dem Amerikanischen übersetzt und mit einem Nachwort von Silvia Morawetz. © für die deutschsprachige Ausgabe: S. Fischer Verlag GmbH, Frankfurt am Main 1995.

*Edith Södergran* (1892-1923)
Entdeckung, S. 95 · Aus dem Schwedischen von Nelly Sachs · Aus: Museum der modernen Poesie. Eingerichtet von Hans Magnus Enzensberger. Band 1. © Suhrkamp Verlag Frankfurt am Main 1960.

*Gaspara Stampa* (1523-1554)
Wenn in die Augen ich dem Liebsten schaue, S. 19; Blind liebt ich einst, Geliebter, nachtbefangen, S. 20 · Aus: Gaspara Stampa, Liebessonette. Nachdichtung aus dem Italienischen von Leo Graf Lanckoroñski. Asmus-Verlag Leipzig 1940.

*Francisca Stoecklin* (1894-1931)
Liebe, S. 101; Erinnerung, S. 102 · Aus: Francisca Stoecklin, Lyrik und Prosa. Herausgegeben von Beatrice Mall-Grob. © by Paul Haupt, Bern 1994.

*Edna St. Vincent Millay* (1892-1950)
Passer mortuus est, S. 94 · Rudolf Borchardt, Gesammelte Werke. In 14 Einzelbänden. Gedichte II/Übertragungen II. Herausgegeben von Marie L. Borchardt und Ulrich Ott. Klett-Cotta, Stuttgart 1985, 2. Auflage 1994.

*Wisława Szymborska* (* 1923)
Liebe auf den ersten Blick, S. 119; Verliebte, S. 121; Schlüssel, S. 122 · Aus: Wisława Szymborska, Die Gedichte. Herausgegeben und aus dem Polnischen übertragen von Karl Dedecius. © der deutschsprachigen Ausgabe Suhrkamp Verlag Frankfurt am Main 1973, 1980, 1986, 1995, 1997.

*Shu Ting* (* 1952)
Zur Widmung, S. 158 · Aus: Nachrichten von der Hauptstadt der Sonne. Moderne chinesische Lyrik 1919-1984. Herausgegeben und aus dem Chinesischen übersetzt von Wolfgang Kubin. © der deutschen Übersetzung Suhrkamp Verlag Frankfurt am Main 1985.

*Zeb un-Nisa* (1638-1701)

Ich bin kein Falter, der, S. 28; Ich möchte meine Seele, S. 28 · Aus dem Persischen von Annemarie Schimmel · Aus: Annemarie Schimmel, Nimm eine Rose und nenne sie Lieder. Poesie der islamischen Völker. © Insel Verlag Frankfurt am Main 1995.

*Marianne von Willemer* (1784-1860)

Hochbeglückt in deiner Liebe, S. 44; Was bedeutet die Bewegung?, S. 45; Ach! um deine feuchten Schwingen, S. 46 · Aus: Johann Wolfgang Goethe, West-östlicher Divan. Herausgegeben von Hendrik Birus. Deutscher Klassiker Verlag Frankfurt am Main 1994.

*Marina Zwetajewa* (1892-1941)

Ich reiß dich aus jeder Erde, aus jedem Himmel, S. 89 · Aus dem Russischen von Rainer Kirsch · Aus: Marina Zwetajewa, Gedichte. Herausgegeben von Fritz Mierau. Reclam Verlag Leipzig 1987. Abdruck mit freundlicher Genehmigung von Rainer Kirsch. Versuch, eifersüchtig zu sein, S. 90 · Aus dem Russischen von Felix Philipp Ingold · Aus: Versuch, eifersüchtig zu sein. Herausgegeben von Ilma Rakusa. © Suhrkamp Verlag Frankfurt am Main 2002. Bist fort: ich schneide, S. 93 · Aus dem Russischen von Waldemar Dege · Aus: Ausgewählte Werke, Band I: Lyrik. © Carl Hanser Verlag, München/Wien 1989.